NOVO MANUAL DO MINISTRO

Vida

Editora Vida
Rua Conde de Sarzedas, 246 — Liberdade
CEP 01512-070 — São Paulo, SP
Tel.: 0 xx 11 2618 7000
atendimento@editoravida.com.br
www.editoravida.com.br
@editora_vida /editoravida

NOVO MANUAL DO MINISTRO

■

Exceto em caso de indicação em contrário, todas as citações bíblicas foram extraídas da Nova Versão Internacional (NVI)

Todas as citações bíblicas e de terceiros foram adaptadas segundo o Acordo Ortográfico da Língua Portuguesa, assinado em 1990, em vigor desde janeiro de 2009.

■

As opiniões expressas nesta obra refletem o ponto de vista de seus autores e não são necessariamente equivalentes às da Editora Vida ou de sua equipe editorial.

Os nomes das pessoas citadas na obra foram alterados nos casos em que poderia surgir alguma situação embaraçosa.

Todos os grifos são do autor, exceto os indicados.

Editora-chefe: Sarah Lucchini
Editor responsável: Gisele Romão da Cruz
Tradução: Maria Emília de Oliveira
Revisão de tradução: Josemar de Souza Pinto
Revisão de provas: Sônia Freire Lula Almeida
Projeto gráfico e diagramação: Claudia Fatel Lino
Capas: Vanessa S. Marine

Edição Luxo: mar. 2024

Dados Internacionais de Catalogação na Publicação (CIP)
(Câmara Brasileira do Livro, SP, Brasil)

Mraida, Carlos
Novo manual do ministro / Carlos Mraida. — Edição Luxo — São Paulo: Editora Vida, 2024.

ISBN 978-65-5584-487-0 (Capa Preta)
ISBN 978-65-5584-488-7 (Capa Marrom)

1. Cristianismo 2. Liderança - Aspectos religiosos - Cristianismo 3. Ministério cristão 4. Sermões evangélicos I. Título.

24-189845 CDD-253

Índice para catálogo sistemático:

1. Ministério cristão : Cristianismo 253
Eliane de Freitas Leite - Bibliotecária - CRB 8/8415

Esta obra foi composta em *Periodico Text* e impressa na China em Papel Bíblia 30 g/m² e para Editora Vida.
Impresso na China / *Printed in China*

SUMÁRIO

PARTE III
O ministro

INTRODUÇÃO

Diante de uma situação crítica para o povo de Deus, o Senhor surge com uma promessa maravilhosa: "Eu darei a vocês governantes conforme a minha vontade, que os dirigirão com sabedoria e com entendimento" (Jeremias 3.15). Essa mesma promessa de provisão ainda é válida para esta geração. Deus continua dizendo: "Eu darei a vocês governantes conforme a minha vontade". Foi por isso que ele escolheu você e o criou, salvou, encheu com o Espírito Santo e chamou para o ministério. Você é a resposta de Deus para o que esta geração necessita. É o presente de Deus para este tempo: "Eu darei". Você foi pensado para ser líder — um líder segundo o coração de Deus, e assim o Senhor concede a esta geração aquilo para o qual você foi criado.

"Eu darei": a sua vida é uma dádiva de Deus para o povo desta geração. Essas pessoas são o motivo pelo qual você nasceu e, portanto, o seu ministério. Sempre digo aos meus líderes que nem eles nem eu temos ministério: temos apenas pessoas. Se abençoarmos o povo, logo teremos o nosso ministério reconhecido. A sua vida é a resposta de Deus para este tempo e para esta geração.

A sua vida é a provisão de Deus para as necessidades do povo e da sociedade no momento atual. É por isso que você precisa estar continuamente sendo capacitado e exercitado, conforme as demandas da época atual.

A sua vida representa o próprio Deus que deu você como presente ao povo. É por isso que você deve ter uma vida santa na totalidade, como o Deus que o enviou.

A sua vida é uma alternativa superior com relação à liderança conhecida. A crise de Israel também foi resultado de uma liderança que não era mais relevante ou transformadora. Diante dessa realidade, Deus prometeu a eles outro tipo de líderes: "Eu darei a vocês governantes conforme a minha vontade, que os dirigirão com sabedoria e com entendimento". Assim como Daniel e seus amigos,

Deus também está desafiando você a ser um líder dez vezes mais excelente que qualquer outra liderança. Não alguém que ficará estagnado, mas que irá se superar continuamente.

Este *Manual* tem como propósito justamente oferecer uma ferramenta prática para que a sua tarefa como pastor, pastora, ministro ou líder tenha cada vez mais excelência. Não pretende substituir a sua criatividade, muito menos a revelação de Deus. Em vez disso, proporciona a você um guia para que a igreja busque uma visão e possa planejar de maneira adequada um programa para concretizá-la. Também disponibiliza instrumentos práticos para ajudá-lo a elaborar sermões e a dirigir encontros especiais e cerimônias.

Este livro contém três grandes partes. **A primeira parte** trata da organização da igreja. **A segunda parte** oferece modelos de sermões e roteiros de cerimônias: batismos, ceia do Senhor, lavagem dos pés, bênção matrimonial, renovação de votos, apresentação de crianças, despedida fúnebre, ordenação de pastores e de outros líderes ministeriais, formatura, reunião de congregações de uma cidade, intercessão conjunta pelo país ou pela cidade, dedicação de um governante, consagração de uma cidade e/ou nação, envio de missionários. **A terceira parte** versa sobre a vida do líder como servo do Senhor. Nós, ministros, somos mensageiros, mas também somos mensagens. O povo observa a nossa vida e, se perceber a coerência entre o que pregamos e o que vivemos, concordará em receber a transmissão do nosso ministério.

Definitivamente, Deus não se equivocou quando escolheu você e o chamou. Por isso, com este livro, queremos contribuir para permitir que a sua vida seja a resposta que Deus planejou para este tempo e para seu povo.

PARTE I

A organização da igreja

"Informe-os acerca da planta do templo — sua disposição, suas saídas e suas entradas — toda a sua planta e todas as suas estipulações e leis. Ponha essas coisas por escrito diante deles para que sejam fiéis à planta e sigam as suas estipulações."

EZEQUIEL 43.11

CAPÍTULO 1

O PROJETO DE DEUS PARA A IGREJA

O profeta Ezequiel relata como a glória de Deus deixou o templo de Jerusalém e abandonou a cidade. Contudo, a promessa de Deus era que ele restauraria sua glória sobre Sião quando o povo se arrependesse de seus pecados e entendesse o projeto do templo: "Informe-os acerca da planta do templo — sua disposição, suas saídas e suas entradas — toda a sua planta e todas as suas estipulações e leis. Ponha essas coisas por escrito diante deles para que sejam fiéis à planta e sigam as suas estipulações" (Ezequiel 43.11).

Obviamente, não se tratava de uma questão de arquitetura. O templo era um símbolo do povo de Deus. Se eles entendessem o desígnio de Deus para seu povo, então a glória do Senhor retornaria. A igreja de Jesus Cristo hoje precisa entender o projeto de Deus para ela e restaurar três paradigmas divinos que substituímos pelos nossos.

A IGREJA DA CIDADE

No Novo Testamento, sempre que se fala da igreja em uma cidade, usa-se o singular, nunca o plural. É *a* igreja de Jerusalém, *a* igreja de Corinto, *a* igreja de Antioquia, e assim por diante. O plural só é usado quando se refere às igrejas de uma região ou de uma província — por exemplo, as sete igrejas da Ásia Menor. E quais são essas sete igrejas? *A* igreja da cidade de Éfeso. *A* igreja da cidade de Esmirna. *A* igreja da cidade de Pérgamo. *A* igreja da cidade de Tiatira. *A* igreja da cidade de Sardes. *A* igreja da cidade de Filadélfia. *A* igreja da cidade de Laodiceia.

Isso quer dizer que sempre há *uma* igreja em cada cidade. Quando o Novo Testamento fala da liderança dessa única igreja da cidade, ou seja, pastores, presbíteros e bispos, usa-se o plural.

Desse modo, de acordo com a Bíblia, que deve ser a nossa regra de fé e prática, há em cada cidade apenas uma igreja, a qual é liderada por muitos pastores.

No entanto, uma vez que "somos mais inteligentes que o Espírito Santo", decidimos fazer o contrário: muitas igrejas em cada cidade e um pastor em cada igreja. Será por isso que não podemos experimentar um avivamento transformador?

Esse paradigma, diferentemente do modelo bíblico em que nos movemos, talvez tenha sido útil para a realidade da obra evangélica do passado — uma igreja evangélica incipiente, com pequenas congregações, que precisava chegar a todos os cantos do país com a mentalidade e a realidade de uma pequena minoria, muitas vezes perseguida e discriminada.

Nem mesmo passou pela cabeça dos pioneiros do evangelho em cada um dos países do nosso continente a possibilidade de transformação das nossas cidades e nações ou de avivamentos abrangentes. A única ênfase era em ganhar almas para fazer crescer as pequenas congregações locais. Até mesmo a competição entre as denominações "servia" para que nas cidades onde não havia igreja as denominações chegassem para abrir novas congregações.

No entanto, hoje a realidade é diferente. A igreja cresceu, as congregações são numericamente maiores, e a igreja evangélica está presente em quase todo o território dos nossos países. Além disso, temos uma consciência cada vez maior de que a igreja, além de continuar salvando pessoas para a eternidade, exerce um papel fundamental na transformação do país. Ou seja, devemos não só aceitar a grande comissão de Marcos para pregar a todas as pessoas, mas também a de Mateus, que nos exorta a discipular as nações.

Atualmente, estamos deixando para trás a mentalidade de uma minoria discriminada e o paradigma de um "pequeno povo muito feliz" e assumindo o papel de protagonistas de uma transformação.

A ênfase na igreja local é bíblica, mas precisamos de uma mudança de paradigma. Ou seja, mudar as lentes com as quais compreendemos o texto bíblico. Tiremos os óculos obscurecidos pela nossa história recente e coloquemos os óculos de Deus para ler o texto bíblico da forma em que foi inspirado. Há uma mudança de paradigma a ser feita com relação ao conceito e ao significado da igreja local.

De acordo com o Novo Testamento, a localidade da igreja é a cidade. Portanto, a igreja local não é outra senão a igreja da cidade. O nosso campo de missão é a cidade onde Deus nos colocou com todos os irmãos dessa comunidade.

A autoridade para ganhar uma cidade não está em um pastor nem em uma congregação, mas na igreja da cidade. A meta do avivamento integral transformador não poderá ser alcançada se não levarmos a sério a oração de Jesus em João 17.21: "Que todos sejam um [...] para que o mundo creia".

A igreja da cidade não é uma superestrutura nem uma nova organização. O que é a igreja na cidade? É aquela formada por todos os crentes em Jesus Cristo que constituem as diferentes congregações da única igreja, que se reúnem em diferentes pontos da cidade. Este é o projeto de Deus para a igreja em cada cidade. Até que voltemos ao modelo divino, não veremos as nossas cidades transformadas pelo poder do evangelho.

A IGREJA NA CIDADE

A igreja local é a *igreja da cidade*. O campo missionário da igreja da cidade é a cidade. Ou seja, a igreja cumprindo a missão em todos os bairros da cidade: nas ruas, nos espaços públicos, nos hospitais, nas escolas, na universidade, no comércio, na empresa, nas esferas de governo, nos meios de comunicação, no local de trabalho — enfim, em todos os ambientes da vida da cidade, ministrando às pessoas onde elas estão.

Queremos um avivamento, certo? Quantos habitantes há na sua cidade? Se Deus mandar um avivamento à sua cidade e uma grande porcentagem da população se converter, em que templo esse povo caberá ou em que estádio?

Não se trata de pessoas "indo à igreja". Na verdade, não vamos à igreja; somos a igreja que vai. Vamos aonde o povo está. Foi por isso que Jesus disse: "Vão [...]".

A igreja da cidade é uma igreja na cidade mobilizando cada cristão para o cumprimento de seu ministério. É para isto que serve o presbitério da cidade, de acordo com Efésios 4: aperfeiçoar os santos para a obra do ministério. Os que fazem a obra do ministério na cidade são todos crentes. Onde os crentes irão fazer o trabalho do ministério: no templo? Não. Quantos podem pregar em seu templo? Não há lugar para tantos pregadores, e, quando não lhes damos oportunidade, a igreja se divide. Então, onde? No Reino, onde Deus posicionou cada um.

Precisamos levantar uma nova classe dirigente para a cidade. Preparamos bons recepcionistas, músicos de adoração, professores para o programa educacional da igreja, mas temos sabido formar líderes capazes para as diferentes esferas de influência da cidade: mídia, arte, esportes, educação, política, ciência?

Este é o lugar da igreja: a cidade. Uma igreja em cada cidade, que se reúne em várias congregações e em diferentes lugares físicos, liderada por todos os pastores da cidade que compõem o presbitério e que aperfeiçoam todos os fiéis para que em seus lugares de convívio e de influência exerçam o trabalho do ministério, para a transformação integral da cidade e de seu povo.

A IGREJA SOBRE A CIDADE

A igreja da cidade é a cabeça da realidade naquela cidade. Efésios diz que Cristo é a cabeça da igreja, e a igreja é a cabeça da realidade em uma cidade. A liderança da igreja, ou os presbíteros, exerce essa autoridade em unidade. Trata-se do presbitério da cidade.

Em muitas cidades dos nossos países, há conselhos, fraternidades e associações de pastores, e essas organizações respondem às autoridades seculares e aos não crentes para que entendam que se trata de uma estrutura de unidade dos pastores em uma cidade. Tais associações de pastores têm sido uma enorme bênção, pois fazem parte do plano de Deus no processo de unidade, essencial para que, em breve, experimentemos um grande avivamento nas nossas cidades.

Contudo, é importante que nós, pastores, entendamos o que são esses grupos. Somos diferentes das ordens de advogados, das fraternidades de homens de negócios e das federações de empresários.

Não somos um sindicato de pastores. Infelizmente, por ter de usar nomes compreensíveis aos não crentes, acabamos também por não entender quem somos. Porque os nomes não só designam alguém, mas atribuem tarefas, determinam áreas de atuação e, quando não cumprimos o plano de Deus, acabam dando outro significado do que Deus quer fazer.

Uma das consequências disso é que em muitos lugares o grupo de pastores de uma cidade acaba assumindo um formato institucional: presidente, vice-presidente, secretário, tesoureiro, e assim por diante, como qualquer organização secular. No entanto, esses cargos não aparecem na Bíblia. A Palavra menciona apenas apóstolos, profetas, evangelistas, pastores e mestres. O pior é que em muitas cidades essas graduações mundanas acabam dividindo os pastores da cidade, que disputam para ver quem será o presidente ou o vice-presidente.

No entanto, nós, pastores em uma cidade, somos o presbitério da cidade. Os presbíteros da única igreja da cidade. Não somos um comitê de campanha evangelística nem uma comissão que organiza determinadas atividades conjuntas. O presbitério da cidade são os anciãos da cidade. Ou seja, de acordo com a Bíblia, os presbíteros de uma cidade são os que governam nos portões da cidade. Ali os anciãos se assentavam e julgavam, governando a realidade da cidade.

Lamentavelmente, uma vez que nós, pastores, deixamos os portões da cidade, o lugar onde se concentra o governo espiritual, o Diabo entra e sai das nossas cidades como deseja. Lamentável também é acreditar que, se apenas alguns de nós se envolverem na guerra espiritual, as coisas mudarão nas cidades. O resultado é que repreendemos o Diabo até ficarmos roucos, mas ele continua fazendo o que quer na cidade. Não resta mais nada a repreender, porque é uma questão de autoridade. Essa autoridade Deus não concedeu a um pastor, a uma congregação ou a uma organização, mas à igreja da cidade, dirigida pelos presbíteros da cidade.

O presbitério da cidade funciona com base nos ministérios de Efésios 4. Infelizmente, a obra evangélica desenvolveu-se como se houvesse um só ministério, o pastoral. No entanto, em uma cidade há uma diversidade de ministérios. Embora não tendo ainda assumido cada um o ministério que nos foi dado nem sejamos reconhecidos pelos outros, apesar de todos nos chamarmos "pastores", a realidade deixa evidente que nas nossas cidades há pastores com um perfil marcadamente de ensino, bem como alguns que apresentam uma característica pastoral muito significativa, outros que têm como principal ênfase o ministério profético e outros que exercem um claro papel apostólico.

Portanto, devemos resgatar esses três desígnios de Deus para a igreja.

A igreja da cidade. Uma única igreja em cada cidade que se reúne em várias congregações e em diferentes lugares físicos, com diferentes tradições e com algumas questões de doutrina, forma e experiências diversificadas. É composta por todos os crentes da cidade, que, portanto, constituem um em Cristo Jesus.

A igreja na cidade. Aquela única igreja de Jesus Cristo na cidade à qual serve com um plano de missão conjunto para a transformação dos habitantes e das diferentes áreas urbanas, cumprindo, desse modo, o desejo divino de um avivamento integral em cada uma das cidades por meio do discipulado das nações.

A igreja sobre a cidade. A igreja, cabeça da realidade, exerce essa autoridade por meio do presbitério da cidade, ou seja, os presbíteros, ou líderes, da única igreja da cidade, que a governam espiritualmente em unidade.

Comece a trabalhar pela unidade dos pastores da sua cidade. Não para que reconheçam você, mas para que você sirva aos demais. Jesus orou: "Que todos sejam um [...] para que o mundo creia". Quando parte do seu tempo e do seu ministério é dedicada a fazer o que Jesus expressou em oração, você obtém a certeza de que está no centro da vontade de Deus.

Como nos tempos do profeta Ezequiel, a glória de Deus será plenamente manifesta nas nossas cidades se, como igreja, formos capazes de nos arrepender dos nossos pecados, especialmente o de haver rejeitado o que foi estabelecido por Deus para a igreja, e de incorporar seu projeto perfeito: a igreja da cidade, na cidade e sobre a cidade.

CAPÍTULO 2

MATRIZ MINISTERIAL MÍNIMA

INTRODUÇÃO

Antes que alguém possa ouvir a mensagem que você irá pregar, ele já recebeu muitas outras mensagens, que o condicionarão a estar aberto à sua pregação ou não. Antes de você pregar, as pessoas que adentram a congregação já receberam mensagens dos recepcionistas ou anfitriões. Se foram recebidas com gentileza, com um sorriso, ou, pelo contrário, se ninguém os recebeu ou, em vez de lhes dar uma recepção calorosa, mostraram-lhes uma cara fechada ou os trataram com dureza, é provável que, além de não se mostrarem receptivas à sua mensagem, provavelmente nunca mais voltem à sua igreja. Antes de você dizer a primeira palavra no púlpito, os ouvintes já receberam a mensagem do prédio — se a estrutura é exagerada ou funcional, se é de bom gosto ou não. Isso irá condicioná-los a desejar fazer parte da sua comunidade ou procurar outra. Antes de você citar o primeiro versículo bíblico sobre o qual irá pregar, eles já receberam a mensagem dos banheiros — se estão limpos, com os elementos necessários, ou se não foram devidamente organizados. Eles também já fazem uma ideia de como é o seu ministério. Antes de você dizer: "Bom dia a todos", os jovens casais já receberam uma mensagem poderosa, que irá determinar se irão frequentar a sua igreja ou não — a mensagem do programa infantil. Se puderem deixar os filhos durante o culto em um lugar agradável, com pessoas treinadas, com uma programação ordenada e com atendimento adequado, essa mensagem será muito mais decisiva na hora de decidir se continuarão na sua igreja ou se devem procurar outra, na qual seus filhos sejam mais bem cuidados. Em suma, antes de você pregar uma mensagem poderosa e ungida, muitas outras mensagens já foram emitidas. Na maioria dos casos, você nem será ouvido com atenção caso a plateia já tenha sido afetada negativamente por outras mensagens.

A Igreja Central de Buenos Aires compartilhou conosco uma ferramenta que pode ser muito útil à sua congregação. Eles a chamam Matriz Ministerial Mínima e a usam como requisitos para todas as congregações vinculadas à sua Rede Apostólica. Tais condições mínimas determinam a qualidade das congregações.

A Matriz Ministerial Mínima visa ajudar as igrejas a crescer em excelência, com orientações que lhes permitam desenvolver um ministério digno e ordenado. Trata-se de expectativas às quais cada congregação deve procurar atender. Isso não significa que, se a sua igreja não apresenta alguma dessas condições, a congregação não irá funcionar. Isso quer dizer que você, como líder, e a congregação em geral devem considerar essas questões como objetivos a serem alcançados progressivamente. É fundamental que você leve isso em consideração. Não se sinta frustrado se a congregação ficar aquém de algumas dessas expectativas mínimas. O importante é que você se conscientize dessa necessidade e melhore a cada dia para supri-la.

Essas condições mínimas não devem ser confundidas com questões de programas de evangelização ou de ajuda aos necessitados, ministérios que têm princípios e características próprios, de acordo com diferentes modelos, sistemas e metodologias que cada igreja adota de acordo com os objetivos que pretende alcançar. Elas estão relacionadas com a ordem e a imagem que a congregação oferece ao povo e com algumas questões menores, que não eram levadas em consideração no passado, mas que hoje são indispensáveis, seja pelas diferentes expectativas por parte do povo, seja pelas demandas sociais ou legais vigentes.

A Matriz Ministerial Mínima é uma boa ferramenta para igrejas com obras de extensão missionária, dependências externas, congregações satélites ou filhas, para que cresçam em ordem nesses novos lugares.

A Matriz Ministerial Mínima busca atender a expectativas que abrangem dois níveis: pastoral e eclesiástico. Neste capítulo, iremos nos concentrar no nível eclesiástico. Discorreremos sobre as expectativas pastorais na Parte III.

EXPECTATIVAS ECLESIÁSTICAS

I. INFÂNCIA

1. Espera-se que a congregação tenha um programa infantil. Não se trata de distrair as crianças para que não perturbem o culto, e sim que a educação cristã vá desde o nascimento até o final da vida. "Instrua a criança segundo os objetivos que você tem para ela, e mesmo com o passar dos anos não se desviará deles." (Provérbios 22.6.) Está comprovado estatisticamente que a maioria do povo de Deus hoje conheceu o Senhor por meio do ministério infantil. Não subestime a tarefa espiritual com as crianças. Um bom ministério infantil não só abençoa as crianças, como também atrairá jovens casais à igreja.
2. Espera-se que esse programa vise à formação espiritual integral das crianças com uma sólida educação cristã, que é o processo de formação do ser humano à imagem de Cristo.
3. Espera-se que as pessoas responsáveis pelo programa sejam crentes com maturidade espiritual no Senhor, com princípios éticos bem fundamentados, dignos de confiança, aptos a ensinar e com um chamado de Deus para trabalhar com crianças.
4. Espera-se que a liderança do programa assuma cuidados extremos nas questões relacionadas com o abuso físico e/ou verbal de crianças.
5. Espera-se que as crianças usem os banheiros da igreja sozinhas ou na companhia dos pais, nunca acompanhadas dos professores ou líderes ou de outras crianças da igreja. Caso tenha de acompanhar uma criança ao banheiro, a professora ficará do lado de fora até que a criança saia. No caso de crianças pequenas, que ainda não podem fazer as necessidades sozinhas, os pais serão chamados para acompanhá-las. Nenhum professor poderá trocar fraldas de bebês — somente os pais.

6. Espera-se que o programa seja realizado em instalações decentes e devidamente higienizadas.
7. Espera-se que a igreja invista generosamente em materiais e recursos para o desenvolvimento adequado do programa infantil.
8. Espera-se que qualquer novo professor ou colaborador do programa de educação infantil seja testado por pelo menos um ano, sob a supervisão de outro líder ou professor mais experiente.
9. Espera-se que haja um programa permanente de capacitação para os professores e líderes desse ministério e que recebam os materiais pertinentes à tarefa.
10. Espera-se que um professor ou líder não tenha sob sua responsabilidade mais de 20 crianças.
11. Espera-se que as crianças sejam divididas por idade e que os temas sejam desenvolvidos, em conteúdo e forma, de acordo com o estágio de maturidade de cada idade.
12. Espera-se que tanto o programa anual como as saídas externas sejam devidamente planejados.
13. No caso de eventos externos, a visita prévia ao local será condição imprescindível, bem como o conhecimento do programa que se desenvolve na atividade.
14. Espera-se que para qualquer atividade fora das instalações do templo (passeios recreativos, acampamentos, piqueniques) seja solicitada a devida autorização dos pais, com o registro de saúde correspondente, e que se contrate ou se faça uso do seguro pertinente ao caso.
15. Espera-se que em qualquer atividade realizada fora das instalações do templo haja pelo menos um adulto para cada dez crianças acompanhando o grupo.
16. Em ambos os casos, tanto nas atividades realizadas nas dependências da congregação quanto fora dela, recomenda-se que sejam adotadas as medidas de segurança correspondentes.
17. Espera-se que todos os líderes do programa estejam em plena comunhão com o pastor, submissos a ele e alinhados com a visão da igreja.

18. Espera-se que toda a equipe que trabalha no ministério infantil esteja ciente desses requisitos.

II. ADOLESCENTES E JOVENS

1. Espera-se que a congregação tenha um programa para adolescentes e jovens.
2. Espera-se que o referido programa vise à formação espiritual integral dos jovens com ensino bíblico sólido, bem como a retenção e a integração deles como grupo homogêneo.
3. Espera-se que as pessoas responsáveis pelo programa sejam crentes com maturidade espiritual no Senhor, com princípios éticos bem fundamentados, dignos de confiança e aptos a ensinar.
4. Espera-se que a liderança do programa assuma cuidados extremos nas questões relacionadas a abuso físico e/ou verbal, especialmente de adolescentes.
5. Espera-se que a congregação envolva ativamente os adolescentes e jovens no serviço do Senhor, nos diversos ministérios da igreja.
6. Espera-se que as atividades do programa estejam alinhadas com a visão geral da igreja e fomentem a integração e o amor pela igreja do Senhor.
7. Espera-se que haja um programa permanente de capacitação para os líderes desse ministério e que recebam os materiais pertinentes à tarefa.
8. Espera-se que o programa seja realizado em instalações dignas e devidamente higienizadas.
9. Espera-se que a igreja invista generosamente em materiais e recursos para o desenvolvimento adequado do programa para adolescentes e jovens.
10. Espera-se que para qualquer atividade fora das instalações do templo (passeios recreativos, acampamentos, piqueniques) seja solicitada a devida autorização dos pais, com o registro de saúde correspondente, e que se contrate ou se faça uso do seguro pertinente ao caso.

11. Espera-se que todos os líderes do programa estejam em plena comunhão com o pastor, submissos a ele e alinhados com a visão da igreja.
12. Espera-se que os adolescentes e jovens sejam incentivados a capacitar-se em sua vocação e a ingressar na faculdade.

III. CULTOS

1. Espera-se que a congregação realize pelo menos um culto comunitário semanal de adoração.
2. Espera-se que o referido culto tenha um horário de início estipulado e que seja respeitado, para garantir a pontualidade, independentemente do número de pessoas presentes no início da reunião.
3. Espera-se que a congregação designe uma pessoa ou uma equipe de pessoas idôneas e fiéis para liderar a adoração comunitária.
4. Espera-se que parte do programa infantil ocorra paralelamente ao culto, de modo que os pais possam participar da reunião sem interrupções ou distrações.
5. Espera-se que o som se mantenha em um volume prudente durante o culto, a fim de que não haja reclamações nem denúncias dos vizinhos por causa de ruídos incômodos.
6. Espera-se que no culto haja um momento de louvor e adoração comunitária, orações, entrega de dízimos e ofertas e ensino da Palavra de Deus.
7. Espera-se que, para o momento de louvor e adoração, a congregação possa contar com pelo menos um piano, um teclado ou um violão, devidamente afinados e executados por pessoa idônea, para acompanhar o canto congregacional.
8. Espera-se que os dízimos e as ofertas sejam coletados como um ato de adoração, não como um donativo ou como contribuição para o sustento da igreja.
9. Espera-se que a congregação possua algum recurso visual que permita ler a letra das canções — uma tela na qual apareça a letra dos cânticos, um hinário ou um quadro-negro.

10. Espera-se que a congregação desenvolva um senso de respeito pela casa de Deus e pelo culto ali oferecido. Que se evite comer, fumar ou usar telefones celulares no templo, conversar durante o culto ou na hora da mensagem, interromper o andamento da reunião ou qualquer outra forma de desordem.
11. Espera-se que a adoração ocorra em um espírito de liberdade e de ordem. Que se evite a rigidez ritual, mas também a falta de liderança, sobre a qual o apóstolo Paulo admoesta a igreja de Corinto.
12. Espera-se que as diferentes partes do culto sejam compreensíveis para as pessoas que ainda não conhecem Cristo.
13. Espera-se que a congregação tenha uma equipe de colaboradores para atender a todos os assuntos relacionados com a adoração e para manter a ordem. Que sejam os melhores anfitriões das pessoas que chegam para o culto. Eles são a primeira impressão da igreja, e, se essa primeira impressão não for boa, provavelmente muitas pessoas não regressarão.
14. Espera-se que o pastor assuma a responsabilidade final por tudo que acontece ou é dito durante o culto.
15. Espera-se que a pessoa, ou equipe, que lidera a adoração tenha o respeito do povo e seja apta para a tarefa, do ponto de vista técnico e espiritual.
16. Espera-se que se dê grande atenção ao bom funcionamento de todos os elementos técnicos e estéticos que compõem o culto: som, projeção, iluminação, temperatura e ventilação do local, decoração e ornamentação da plataforma, entre outros.
17. Espera-se que o som funcione corretamente, sem improvisos, ruídos irritantes ou problemas de volume (muito alto ou muito baixo), que possam distrair a atenção do povo.
18. Espera-se que os líderes da adoração se vistam com esmero e sobriedade, de modo que sua presença na plataforma inspire a adoração, não a distração.
19. Espera-se que o estilo de comunicação usado no culto, tanto na adoração quanto na mensagem, seja relevante e genuíno. Que se evite um tom impostado ou palavras que não se encaixem no contexto da congregação.

20. Espera-se que o repertório de canções também seja adaptado ao contexto da congregação e que sua composição diversificada seja levada em conta. A menos que a maioria dos presentes seja apenas de jovens ou apenas de adultos, é apropriado adotar um repertório balanceado de canções, com um estilo que represente a maioria dos que compõem a igreja.
21. Espera-se que pelo menos uma vez por mês a ceia do Senhor seja celebrada em adoração.
22. Espera-se que o culto dê ao Espírito Santo liberdade para atuar e determinar sua duração, embora os que ministram não devam se estender por um tempo excessivo. As pessoas têm uma capacidade de atenção limitada. O prolongamento excessivo do culto, quando não é causado pelo Espírito Santo, mas pela vontade humana, produz o efeito oposto ao desejado: as pessoas se cansam e depois de algumas reuniões longas deixam de frequentá-las.

IV. CÉLULAS

1. Espera-se que, caso a congregação inclua como parte de sua visão o funcionamento em pequenos grupos ou células, haja uma programação adequada.
2. Espera-se que esse programa tenha como objetivo a comunhão, a formação e o pastoreio da membresia da igreja, bem como a evangelização.
3. Espera-se que as células funcionem nas dependências do templo ou na casa dos irmãos.
4. Espera-se que as pessoas responsáveis pelo programa sejam crentes com maturidade espiritual no Senhor, com princípios éticos bem fundamentados, dignos de confiança e aptos a ensinar.
5. Espera-se que haja um líder geral ou coordenador do programa de células, que esteja em plena comunhão com o pastor, submisso a ele e alinhado com a visão da igreja.
6. Espera-se que os materiais utilizados nas reuniões de células visem à integral formação espiritual dos participantes e tenham sólido respaldo bíblico.

7. Espera-se que as reuniões de células não sejam uma pequena réplica do culto da igreja (com adoração, pregação e outros), e sim um ambiente participativo, no qual todos possam falar, orar uns pelos outros e receber um atendimento pastoral mais personalizado.
8. Espera-se que as células, após um tempo razoável estipulado pelo pastor, se multipliquem, ou reproduzam, em outra célula ou mais de uma.
9. Espera-se que cada líder de célula conte com a ajuda de um auxiliar, que será treinado como futuro líder de célula, já com vistas à multiplicação.
10. Espera-se que, no caso de a célula funcionar nas casas, haja cuidado com o testemunho dos vizinhos quanto a horário, ruídos e comportamento.

V. UNIDADE

1. Espera-se que tanto o pastor quanto a congregação trabalhem ativamente pela unidade da igreja em sua cidade.
2. Espera-se que o pastor tenha uma atitude conciliadora e amigável com os líderes das outras congregações da cidade e participe ativamente do conselho ou fraternidade de pastores.
3. Espera-se que a congregação jamais adote uma postura sectária ou separatista, como se fosse "a igreja" da cidade, mas que sempre se considere apenas uma das congregações da única igreja em sua cidade.
4. Espera-se que a congregação convide periodicamente pastores de outras igrejas ou denominações para pregar.
5. Espera-se que a congregação participe de atividades ou campanhas conjuntas, organizadas ou patrocinadas pelo conselho de pastores da cidade.
6. Espera-se que a congregação e o pastor nunca incentivem a saída de membros de outra congregação para se juntar à sua.
7. Espera-se que a congregação e o pastor abençoem e despeçam em paz os membros que por qualquer razão queiram deixar a igreja para se congregar em outro lugar.

8. Espera-se que o pastor ensine periodicamente a congregação sobre a unidade da igreja.
9. Espera-se que o pastor zele de maneira especial pela unidade interna de sua congregação, a fim de evitar qualquer tipo de divisão.
10. Espera-se que o pastor incentive e crie uma liderança em equipe na congregação, mas evite qualquer atitude autoritária ou que toda a congregação venha a depender exclusivamente dele.

VI. EDIFÍCIO

1. Espera-se que a congregação tenha um local físico para o desenvolvimento dos cultos e de seus programas, quer um templo, quer qualquer outro tipo de local.
2. Espera-se que, antes de assinar um contrato de arrendamento que implique garantias, a igreja seja assessorada por pessoas idôneas.
3. Espera-se que, no caso de propriedade da igreja, a escritura esteja em perfeita ordem e em nome de pessoa jurídica, nunca em nome do pastor ou de outro membro da igreja.
4. Espera-se que o edifício seja funcional com relação aos programas desenvolvidos pela igreja.
5. Espera-se que o local de encontro cumpra as normas de segurança, de acordo com suas características.
6. Espera-se que o edifício tenha seguro contra incêndio e contra roubo.
7. Espera-se que o edifício disponibilize banheiros para ambos os sexos, em bom estado e devidamente higienizados, de acordo com o número de participantes das reuniões.
8. Espera-se que o edifício disponha de um local para o desenvolvimento de um programa infantil.
9. Espera-se que o edifício não cause incômodos nem danos às propriedades vizinhas, como perdas, umidade ou vibrações, entre outros.
10. Espera-se que o edifício possua os equipamentos necessários para o desenvolvimento do culto e de seus diversos programas:

bancos ou cadeiras, ventilação, aquecimento ou arcondicionado, iluminação adequada, púlpito e outros.

11. Espera-se que a fachada do edifício seja cuidadosamente pintada e cuidada, com um letreiro legível e adequado que identifique a igreja como tal.
12. Espera-se que o edifício, no todo ou em setores específicos, não se apresente semiacabado. Caso ainda esteja em construção, o ideal é que não altere, ou atrapalhe o mínimo possível, o desenvolvimento dos programas da igreja.

VII. ASPECTOS JURÍDICOS

1. Espera-se que cada congregação possua o registro de culto apropriado ou licença de funcionamento emitidos pelos órgãos competentes da nação ou da cidade. É importante que tenhamos as licenças em dia, de acordo com os requerimentos de cada nação. Mesmo que a congregação esteja funcionando sem exigência de autorização, os trâmites não devem ser negligenciados. É parte da nossa responsabilidade fazer o que está ao nosso alcance para estar em conformidade com a lei. Caso o processo de concessão das licenças demore muito, como acontece em alguns países, enquanto não há registro de culto ou licença de funcionamento, deve-se solicitar a cobertura de outra congregação, organização ou denominação até que o processo legal seja concluído. A cobertura espiritual é a mais importante, mas o amparo legal tem seu valor.
2. Espera-se que cada congregação tenha alguma apólice de seguro que lhe dê cobertura em eventuais problemas patrimoniais ou de responsabilidade civil. Infelizmente, não são poucos os casos de igrejas que passaram por situações trágicas e não contavam com um seguro. Certa igreja enfrentou um processo criminal e civil porque uma garota se afogou em um acampamento. Outra igreja teve de vender o prédio para pagar a indenização depois que uma pessoa foi eletrocutada em suas dependências. Poderíamos citar vários

casos semelhantes. A falta de seguro acarreta consequências financeiras e criminais sobre o infortúnio sofrido.

3. Espera-se que cada congregação tenha as permissões ou autorizações necessárias para o uso de suas instalações. Atualmente, é impossível funcionar em edifícios sem autorização nas principais cidades do continente. Contudo, em muitas cidades menores há igrejas que funcionam em lugares não autorizados. Isso é uma bomba-relógio. Não que se espere o pior, mas devemos ter algum tipo de respaldo legal, para não dar espaço ao Diabo. Hoje em dia, quando ocorre um acidente em uma edificação não habilitada, ainda que de pouca gravidade, a demanda legal é imensa, em termos criminais e econômicos.
4. Espera-se que as congregações possuam refeitório ou áreas nas quais se sirvam alimentos, com boas condições sanitárias para realizar tais atividades.

VIII. ADMINISTRAÇÃO

1. Espera-se que a congregação seja administrada por alguém idôneo para a tarefa e fiel a Deus, à comunidade e à direção pastoral.
2. Espera-se que essa pessoa não seja o pastor titular, mas outro pastor, líder ou referencial aprovado e respeitado pela congregação. Quando uma congregação está no início, é normal que o pastor e sua família façam um pouco de tudo. À medida que a igreja cresce, porém, o ideal é que deleguem essas tarefas. Isso é sinal de transparência e seriedade.
3. Espera-se que tal pessoa preste contas de sua administração ao pastor e/ou a um grupo de líderes da congregação. Não se trata de um ministério solitário, mas de um trabalho em equipe, no qual todos prestam contas uns aos outros.
4. Espera-se que a congregação mantenha registros contábeis que mostrem de maneira adequada a movimentação financeira da congregação. Em países onde o *status* legal das igrejas é equivalente ao das demais instituições, é obrigatória a prestação de contas conforme as disposições legais. Em muitos

países do nosso continente, porém, esses requisitos contábeis ainda não se aplicam às igrejas. No entanto, acreditamos que, embora não nos façam tais exigências, devemos seguir a instrução bíblica de 1Coríntios 14.40: "Tudo deve ser feito com decência e ordem".

5. Espera-se que a congregação seja administrada de acordo com o orçamento que atenda à visão da igreja, transmitida pelo pastor.
6. Espera-se que o pastor receba da congregação um salário ou uma oferta mensal que cubra tanto suas necessidades como as de sua família. Caso não seja possível, a congregação deve cobrir pelo menos uma parte desse sustento mensal, independentemente de o pastor ter outro emprego ou qualquer outra fonte de renda. Em ambos os casos, a dedicação exigida será de acordo com a remuneração concedida pela igreja ao pastor.
7. Espera-se que a congregação mantenha pelo menos a escrituração rigorosa de um livro diário de três colunas, no qual as receitas, as despesas e os saldos são registrados.
8. Espera-se que a congregação mantenha um arquivo ordenado de todos os papéis — faturas, documentos legais, contratos, escrituras, garantias, comprovantes e outros documentos — pertinentes à administração.
9. Espera-se que o pastor instrua a congregação sobre questões administrativas.
10. Recomenda-se que a congregação esteja afiliada a uma organização, denominação, fundação ou associação civil que forneça cobertura legal.

CAPÍTULO 3

O PLANEJAMENTO DA IGREJA

Muitas vezes, nós, ministros, por causa de uma espiritualidade mal compreendida, temos certa relutância em planejar. Acreditamos que assim iremos restringir a liberdade de ação do Espírito Santo. No entanto, a Palavra de Deus afirma: "Em seu coração o homem planeja o seu caminho, mas o Senhor determina os seus passos" (Provérbios 16.9). Ou seja, a nossa tarefa é pensar o caminho, planejar; a tarefa de Deus é endireitar os nossos passos.

Quem faz os planos? O ser humano, ou seja, você. Quem endireitará os seus passos? Deus. Significa que ele orientará os seus passos, se você tiver um plano. Se você não tem um plano, Deus não tem o que orientar. É por isso que há tantos pastores indo daqui para lá, imitando uns aos outros, sem saber o rumo que tomará seu ministério e para onde estão conduzindo a igreja. No entanto, com o passar do tempo, o povo fica cansado de não saber para onde ir ou de ir cada dia para um lugar diferente, de acordo com o modelo ministerial que influencia seu pastor.

Deus não pode dirigir os seus passos se você não tiver um caminho, uma rota, um plano para o seu ministério e para a sua igreja. O plano começa com uma visão.

O QUE É VISÃO?

Visão é a revelação do que Deus fará e a maneira pela qual devemos nos unir a ele. É uma projeção do que Deus espera de nós como congregação.

COMO A VISÃO É RECEBIDA E TRANSMITIDA?

Quando a visão é coletiva, Deus a revela ao líder. Deus não a revela ao povo, mas ao líder. Não há exemplos bíblicos de revelação ao povo. Deus sempre usa o líder, porque justamente por isso ele o fez líder. Deus escolhe líderes como você para que receba a visão, a revelação do que ele quer fazer com o povo, as instruções de Deus sobre como ele fará isso e como o povo precisa se unir a ele. Esta é a primeira função do líder: receber a visão para o povo.

A segunda tarefa do ministro é, uma vez recebida a visão, confirmá-la com seus líderes. Quando o pastor é sábio, ele entende o princípio da encarnação, que significa, entre outras coisas, que a revelação de Deus é dada a um ser humano falível. Assim, o líder sábio pede confirmação pessoal e também busca confirmação no grupo de líderes que o apoiam.

Uma vez confirmada a visão, a terceira tarefa do pastor é transmiti-la ao povo e inspirá-lo a apoiar essa visão. Quando o líder está convencido de que a visão lhe foi dada por Deus e confirmada pela sua equipe de líderes, ele a transmite ao povo sem manipulação, imposição, ansiedade e autoritarismo. Porque ele sabe que, se a visão nasceu no coração de Deus, nada nem ninguém impedirá que ela se torne realidade. Daí ser tão importante que o pastor esteja convicto de que a visão veio de Deus e, quando não for o caso, que jamais use argumentos como: "Deus me mostrou"; "Deus me disse". Se não for de Deus, não terá o apoio dele, e a confiança do povo em seu líder irá se desgastar aos poucos, não só porque a visão não se cumpriu, como também pelo uso abusivo de frases desse tipo, nas quais o nome de Deus foi usado em vão.

Por fim, a quarta tarefa do pastor é levar o povo à obediência e à realização da visão recebida. A principal tarefa do pastor não é pregar ou orar. O pastor guia as ovelhas, e as ovelhas o seguem. Ou seja, sua tarefa é liderar o povo de acordo com a visão recebida de Deus para a vida da congregação.

QUAIS OS PERIGOS?

O primeiro perigo é ignorar as *visões preexistentes*. Há pastores que, sob a desculpa de que Deus lhes deu uma visão, desobedecem à própria Palavra de Deus. Por exemplo, eles ignoram a visão de Jesus de serem um em sua cidade por estarem muito ocupados com a visão que receberam. Eles argumentam erroneamente que a visão "justifica tudo".

O segundo perigo é ignorar as *visões pessoais*. A visão "exige exclusividade", argumentam também erroneamente. Portanto, uma demanda totalitária do povo por tempo, por dinheiro e por tarefas distorce a visão. O líder sábio trabalha para que as visões pessoais do povo contribuam e se alinhem com a visão para a igreja. O povo deve trabalhar de forma consagrada, em harmonia com a visão coletiva que o pastor lhes apresentou, enquanto o pastor trabalha de forma consagrada para que os membros vejam cumpridos seus sonhos e propósitos e se sintam plenamente realizados na vida.

O terceiro perigo é *ignorar a realidade local*. Modelo de franquia. A visão "é adotada, não adaptada". De fato, alguém pode se identificar com a visão de um ministério que está sendo abençoado em outra localidade, mas ignorar o princípio bíblico da encarnação resultará em uma missão descontextualizada e, portanto, irrelevante.

COMO SE IMPLEMENTA A VISÃO?

Antes de tudo, ore. Isso é essencial para confirmar a visão e para concretizá-la, porque, se a visão é de Deus, precisará de milagres para que se concretize, para ser internalizada. A oração é um dos instrumentos mais poderosos não só para direcionar o pedido a Deus, mas para registrar a visão no mundo interior das pessoas. Por fim, para avaliá-la.

A VISÃO CONVERTIDA EM PLANO

A visão sem um plano é apenas um sonho; por isso, o plano deve ser registrado por escrito. O profeta Habacuque recebeu esta ordem de Deus: "Escreva claramente a visão em tábuas, para que se leia facilmente" (Habacuque 2.2).

O motivo de muitos pastores não obterem êxito é que eles não sabem em que serão bem-sucedidos. Ter uma visão e um plano por escrito é fundamental. Por que e para quê?

Em primeiro lugar, para manter a fidelidade à visão recebida de Deus, pois com o tempo podemos nos desviar, deixando-nos levar pelo que os outros dizem, pelo que deu certo para outro ou pelo que está na moda. No entanto, se algo veio de Deus, não podemos nos desviar do que o Senhor estabeleceu.

Em segundo lugar, para transmiti-la de forma concreta e de forma paulatina aos que irão implementá-la.

Em terceiro lugar, para obedecer a ela. "Escreva claramente a visão em tábuas, para que se leia facilmente." Outra versão da Bíblia diz: "Quem lê corra para obedecer".

Em quarto lugar, para desenvolver uma implementação adequada. O plano consiste em estabelecer objetivos, atividades e ações para alcançar as metas propostas, além de orçamento, calendário e avaliação.

Em quinto lugar, disponha de recursos. Em primeiro lugar, dos recursos humanos. Nesse ponto, o princípio de selecionar as pessoas mais adequadas para atingir os objetivos é vital. Os pastores geralmente fazem convocações públicas ao serviço, e isso é muito bom. No entanto, quando se trata de questões estratégicas para que a visão avance, esse recrutamento tem de ser feito de forma personalizada, não em uma chamada pública, pois devemos garantir que os melhores recursos humanos liderem as áreas mais relevantes.

Em sexto lugar, são necessários os recursos financeiros e materiais. A ordem é importante. Dissemos que, se a visão vem primeiro, os recursos virão em seguida. No Reino, somos guiados pela visão recebida de Deus, e então buscamos, pedimos e oramos pelos recursos. Não fazemos nada de acordo com o que temos, mas de acordo com o que Deus nos manda fazer, e então buscamos os recursos. Porque toda visão de Deus exigirá recursos maiores que os que possuímos, e a visão dele é sempre mais ampla que a nossa: " 'Os meus pensamentos não são os pensamentos de vocês, nem os seus caminhos são os meus caminhos', declara o SENHOR. 'Assim como os céus são mais altos do que a terra, também os meus caminhos são mais altos do que os seus caminhos; e os meus pensamentos, mais altos do que os seus pensamentos' " (Isaías 55.8,9). A visão de Deus exigirá desafios de fé. Não raro, são necessários espaços físicos maiores, a serem comprados ou construídos.

Em sétimo lugar, é necessária a persistência, algo muito difícil para os latino-americanos, mas é essencial não mudar o plano estabelecido. Persevere no que Deus revelou e leve isso adiante.

Não permita que nem uma das suas palavras caia no chão. Persevere e faça perseverar a visão recebida.

QUANDO SE CUMPRE?

Deus disse ao profeta Habacuque: "A visão aguarda um tempo designado; ela fala do fim e não falhará. Ainda que demore, espere-a; porque ela certamente virá e não se atrasará" (2.3). A visão está relacionada com o conteúdo futuro. Em muitos casos, ela demora um pouco. Enquanto isso, o que acontece?

Em primeiro lugar, Deus prova e desenvolve a nossa fé. "Ainda que demore, espere-a." Em seguida, Deus diz ao profeta: "O justo viverá por sua fidelidade". Ou seja, não apenas na vida privada, mas também como pastores, devemos caminhar pela fé. Deus quer que aprendamos a andar pela fé.

Em segundo lugar, Deus modela o nosso caráter. Hebreus 6.12 diz: "Imitem aqueles que, por meio da fé e da paciência, recebem a herança prometida" (v. tb. Romanos 8.24,25; 2Pedro 1.6; Tiago 5.7).

Em terceiro lugar, enquanto esperamos, Deus nos treina para a guerra. Em Daniel 10, percebemos um atraso por causa dos principados opositores. Em Juízes 3, Deus diz à nova geração que lhes deixou os inimigos para que aprendessem a lutar. Deus quer que lutemos, porque sem batalha não há vitória. Em Cristo, porém, todas as batalhas nos conduzem à vitória.

O QUE OS LÍDERES, NA LINHA DE FRENTE, DEVEM FAZER?

Em primeiro lugar, confiar no pastor. Se eu sou líder de uma igreja e não confio na orientação do meu pastor, ou eu mudo, ou tenho de me mudar de igreja. Porque a principal tarefa do pastor é liderar o rebanho. Se não confiar na liderança do seu pastor, você está com sérios problemas. Em contrapartida, é maravilhoso estar em uma congregação seguindo a orientação de um pastor no qual podemos confiar, mesmo sabendo que se trata de um ser humano falível.

Em segundo lugar, se você fizer parte da equipe principal de liderança, quando lhe for apresentada a visão, a sua tarefa será buscar em Deus a confirmação da visão recebida do pastor.

Em terceiro lugar, deve-se apoiar a visão. Duas visões significa divisão.

Quarto, deve-se encarnar a visão. A visão deve nos dominar. Não serão as nossas palavras que farão o povo aderir à visão, e sim a nossa vida tomada pela visão.

Em quinto lugar, não só o pastor, do púlpito, será responsável por comunicar a visão, mas também a liderança principal é o grupo de pessoas cuja missão é transmitir a visão com paixão. O entusiasmo da liderança é vital para envolver as pessoas na visão. Além da paixão, o povo deve ser levado a perceber que o cumprimento da visão coletiva anda de mãos dadas com o cumprimento das visões pessoais. Salomão é um exemplo bíblico de como a visão coletiva de construir um templo estava intrinsecamente ligada aos sonhos do rei: "Quando Salomão acabou de construir o templo do SENHOR, o palácio real e tudo mais que desejara construir [...]" (1Reis 9.1).

Você consegue imaginar um avião saindo do aeroporto sem que o piloto tenha um plano de voo? Seria loucura. O plano de voo é conhecido também na torre de controle e nos aeroportos por onde o avião irá passar, a fim de que haja cooperação e coordenação. É isto que Deus diz: "Você escreve, e eu coordeno as etapas desse plano".

Aqui, finalmente, entra o último e fundamental elemento do plano: a avaliação. De fato, trata-se de uma das maiores carências entre os ministros. Alguns vivem planejando coisas e trabalham para torná-las realidade, mas raramente se detêm para avaliar o cumprimento das tarefas, o alcance dos objetivos, a pertinência das atividades e a relevância das ações. Desse modo, o ano vai passando, e ninguém sabe se a visão está sendo alcançada ou não. A avaliação é essencial no trabalho nas nossas congregações. Não devemos esperar até o final do ano para avaliar, pois correremos o sério risco de perder um ano. As avaliações devem ser feitas periodicamente.

Entre a situação, o lugar e o estado em que a congregação se encontra e a situação, o lugar e o estado em que você quer que ela esteja é preciso construir uma ponte chamada "plano". Se você não tem um plano, está planejando fracassar. Por isso, Deus ordena que você escreva a visão em tábuas, porque ele promete que a sua visão logo se tornará realidade na sua vida, no seu ministério e na sua congregação.

PARTE II

Sermões e cerimônias

De coração íntegro Davi os pastoreou;
com mãos experientes os conduziu.

SALMOS 78.72

CAPÍTULO 4

ELEMENTOS ESSENCIAIS DA PREGAÇÃO

Neste capítulo, desejo compartilhar com você os princípios básicos que se deve ter em mente ao pregar. No próximo capítulo, apresento alguns exemplos de sermões, com o intuito de que você tenha um guia e veja como esses elementos essenciais são refletidos no sermão.

A MENSAGEM É O MENSAGEIRO

Nas ciências da comunicação, somos informados de que o meio é a mensagem. Isso se aplica ao mensageiro. É verdade que pregamos o evangelho, mas não menos verdadeiro é que, como meio utilizado por Deus, também estamos refletindo a nossa vida na mensagem. O apóstolo Paulo, muitos séculos atrás, afirmou que somos cartas lidas por todos.

Na preparação da mensagem, a nossa vida também é um elemento essencial à mensagem pregada. Creio que há três influências formativas principais que nos moldam como mensageiros e que moldam a mensagem.

Vida de comunhão

O salmista, referindo-se aos ídolos, afirma que nos tornamos como aqueles a quem adoramos: "Tornem-se como eles [os ídolos] aqueles que os fazem e todos os que neles confiam" (Salmos 115.8). A vida íntima determina a vida pública: "Quando você orar, vá para seu quarto, feche a porta e ore a seu Pai, que está em secreto. Então seu Pai, que vê em secreto, o recompensará" (Mateus 6.6). Ou seja, se tivermos uma vida de adoração privada, isso será evidenciado em público, quando pregarmos, e se verá Deus ministrando ao povo.

A pregação não é principalmente uma questão de homilética ou de técnicas de comunicação, mas de comunhão.

Vida de santidade

A nossa autoridade reside em Jesus Cristo e em sua obra na cruz por nós. Contudo, a apropriação e percepção dessa autoridade dependem substancialmente da nossa vida de santidade. Se não vivermos no centro da vontade de Deus, o nosso mundo interior será caótico, e não teremos condições de receber livremente a revelação de Deus sobre o que ele deseja que comuniquemos às pessoas. Estar diante do povo sabendo que a nossa vida carece dessas condições faz-nos perceber que não temos autoridade para ministrar. Mesmo que saibamos teoricamente que temos tal autoridade, a nossa percepção é obscurecida pela autoconsciência do nosso estado e determina a nossa ministração.

Vida eclesiástica

Uma das principais fontes de inspiração para pregar a Palavra é a que surge do contato com o povo. Não somos profissionais da oratória, mas pastores que vivem cercados de gente. Somos pastores com cheiro de ovelha. Quando perdemos esse cheiro, a nossa pregação também perde — não só porque, ao pastorear o povo, de perto conhecemos as necessidades daqueles a quem devemos ministrar com a Palavra, mas porque existencialmente a mensagem, que também é o mensageiro, vai sendo transformada pelas vivências com o rebanho. Ezequiel, antes de iniciar seu ministério profético entre os judeus na Babilônia, declarou: "Fui aos exilados que moravam em Tel-Abibe, perto do rio Quebar. Sete dias fiquei lá entre eles — atônito!". Ele permaneceu em silêncio até absorver o que seus compatriotas estavam sentindo e vivendo.

FONTES DA PREGAÇÃO

Além das influências formativas, existem as fontes específicas que derivam dessas influências. Creio que estas são as cinco principais.

Leitura e estudo diários da Palavra de Deus

A vida de comunhão, como primeira e principal influência em nós, flui de pelo menos duas fontes que alimentam a nossa pregação. A principal fonte que emana da nossa vida de comunhão com Deus é a Palavra de Deus. A leitura tranquila e o estudo da Bíblia são a base de todo ministério de pregação. Ao ler a Palavra, recebemos inspiração para preparar as mensagens. É no estudo da Bíblia que adquirimos o conteúdo necessário para que o povo entenda e aplique a Palavra de Deus.

A revelação do Espírito Santo

A segunda fonte a fluir da nossa vida de comunhão com Deus é a revelação do Espírito Santo, que vem a nós com palavras proféticas, de ciência ou de sabedoria e constitui uma fonte maravilhosa para a nossa pregação. Manter-se aberto na vida de comunhão com o Senhor, ficar em silêncio para permitir que ele fale e perceber sua revelação são posturas essenciais a qualquer pregador. As duas fontes devem fluir juntas. Não somos simples emissores de comentários bíblicos, e sim comunicadores da Palavra de Deus. No entanto, as palavras proféticas, de conhecimento e de sabedoria que podemos receber precisam necessariamente ser confirmadas e estar alinhadas com o que Deus já nos revelou por meio da palavra profética mais segura — a Bíblia: "Temos ainda mais firme a palavra dos profetas, e vocês farão bem se a ela prestarem atenção, como a uma candeia que brilha em lugar escuro, até que o dia clareie e a estrela da alva nasça no coração de vocês" (2Pedro 1.19).

Atenção às necessidades do povo

É da nossa vida comunitária com a igreja que extraímos a terceira fonte da pregação. As nossas mensagens serão existencialmente relevantes de acordo com o que o povo precisa. Então, com a Palavra de Deus, ministraremos de forma pertinente às necessidades das pessoas.

Os fatos da vida

Duas outras fontes de vida provêm da nossa capacidade de leitura: ler os fatos, as coisas que acontecem no mundo, na realidade do lugar onde vivemos, na cultura. Muitos pastores estão presos em seu submundo evangélico, enquanto o povo vive no mundo "real". É preciso que nós, pastores, nos mantenhamos informados, para saber o que está acontecendo, a fim de poder interpretar os fatos da vida pela perspectiva bíblico-teológica e para ajudar o povo a encarar a vida de maneira relevante e com fidelidade ao Senhor. Precisamos de pastores que sejam como os filhos de Issacar, "chefes que sabiam como Israel deveria agir em qualquer circunstância". Por isso, "comandavam todos os seus parentes".

Livros

A quinta fonte também é proveniente da nossa capacidade de leitura. Há pastores que não foram treinados na disciplina da leitura desde pequenos. Assim, como nas demais áreas da vida, quando não se recebe a disciplina adequada dos pais, é preciso aprender a exercitar a autodisciplina. A leitura contínua enriquecerá a sua vida — e a do povo de Deus, quando ouvirem você pregar. Bons livros elevam o nível do pastor e, por extensão, de toda a igreja. Para pregar, você precisa montar uma boa biblioteca. No mínimo, precisará de alguns comentários bíblicos, que constituem recursos para a correta interpretação dos textos, de modo que a sua pregação, principalmente no caso do sermão expositivo, tenha como base uma exegese correta. Além dos comentários bíblicos, outros livros irão moldar a sua formação de maneira equilibrada e saudável.

TIPOS DE MENSAGEM

Podemos classificar as mensagens em três categorias.

Mensagens resultantes de palavras "rhemas"

Habitualmente, entende-se por palavras *"rhemas"* aquelas que alguém recebe por revelação direta do Espírito e que têm o propósito de dar uma resposta direta a uma necessidade específica.

Em certo sentido, o pregador, ao receber tal palavra, sabe que o resultado do sermão está "garantido", pois não é resultado da preparação do pastor, mas, sim, uma mensagem direta do Espírito Santo, enviada para resolver um problema específico do rebanho. Às vezes, a mensagem nasce de uma única palavra. Outras vezes, surge de uma ideia ou de várias ideias encadeadas. Portanto, o trabalho do pastor é moldar o sermão com base nessa palavra ou ideia. Mais tarde, poderá se tornar uma mensagem expositiva, depois que o pastor começa a procurar passagens das Escrituras que contenham essa palavra ou ideia. Também há casos em que a palavra *"rhema"* resulta em um sermão temático. Em ambos os casos, porém, não se deve esquecer ao pregar de que o mais importante é comunicar de maneira adequada e destacar a palavra *"rhema"* que Deus nos deu.

Sermões temáticos

Esse segundo tipo de mensagem gira em torno de determinado tópico. Uma forma de estruturar um sermão temático é por meio de perguntas lógicas, como segue:

- "O quê?" — Define o tópico.
- "Quem?" — Determina o sujeito do tema, os destinatários, quem intervém no tema.
- "Como?" — Expressa a forma segundo a qual se manifesta, suas características, peculiaridades etc.
- "Onde?" — Determina o lugar, a esfera, o ambiente.
- "Quando?" — Expressa o tempo.
- "Por quê?" — Explica causas, motivações, razões.
- "Para quê?" — Determina a finalidade.

Cada pergunta é respondida com passagens bíblicas e apresentada como um ponto no esboço da mensagem. A ordem das questões é arbitrária, de acordo com os critérios e o objetivo a ser alcançado.

As ajudas mais importantes para a mensagem temática são:

- *Concordância bíblica.* Obviamente, escolhemos o tema e procuramos em toda a Bíblia o que é dito sobre o assunto. Ao mesmo tempo, damos a ele uma ordem lógica, de acordo com o objetivo que queremos dar à mensagem.
- *Dicionário da língua portuguesa.* Ajuda-nos a encontrar definições que facilitam a compreensão do assunto em todo o seu espectro de significados.
- *Dicionário bíblico.* Permite não só explicar o significado da palavra, mas também seu contexto histórico de acordo com o momento, pois cada palavra tem usos que variam com o tempo e com o contexto em que foi utilizada. Nesse sentido, os dicionários bíblicos são muito úteis.
- *Léxico hebraico-grego.* Muitas vezes, o tema abrange vários termos bíblicos, cada um inserido em um campo semântico diferente. Ou seja, cada palavra contém elementos que não estão presentes na outra, e assim, juntas, oferecem uma riqueza de significados que não se pode encontrar isoladamente na língua em que pregamos.
- *Livros específicos sobre o tema.* Por exemplo, se você quer pregar sobre "medo", há bons livros que explicam e especificam suas causas e consequências, indicam as passagens bíblicas que tratam do assunto e apresentam a solução de Deus para o problema.

Sermões expositivos

A essência da mensagem expositiva não é um tópico, como no caso anterior, mas um texto bíblico específico. Ter um programa de pregação expositiva é a maneira mais segura de o pastor garantir à igreja um bom equilíbrio bíblico.

Uma forma de estruturar o sermão expositivo é a seguinte:

- Escolha a passagem.
- Divida a passagem em unidades menores (versículos, frases, palavras).
- Para cada unidade, faça duas perguntas básicas:

a) O que o texto quer dizer?
b) Como isso se aplica?

Sugerimos uma folha dividida da seguinte forma:

Texto	Interpretação	Aplicação

Em seguida, trabalhe os tópicos da terceira coluna. São esses tópicos que irão determinar os pontos do sermão. Se o texto for longo ou muito rico e variado em tópicos, de modo que possa tornar a coluna "Aplicação" muito extensa, você terá de fazer uma seleção dos tópicos que comporão a mensagem. Em seguida, ordene os tópicos escolhidos de acordo com os seus critérios e com o(s) objetivo(s) que pretende alcançar.

ESTRUTURA DA MENSAGEM

Objetivo

O primeiro passo na preparação do sermão é determinar o objetivo que se pretende alcançar na vida dos ouvintes. Definir o objetivo da mensagem ajuda a evitar digressões ou a ficar dando voltas. A mensagem pode ter mais de um objetivo, embora quanto menos forem, mais eficaz será.

O objetivo está sempre relacionado com a reação do povo. Em alguns casos, o objetivo pode ser citado na introdução da mensagem, para que os ouvintes já fiquem cientes do rumo que o sermão irá tomar. É também uma forma legítima de levar a congregação a reagir afirmativamente.

Uma boa forma de definir o objetivo é escrevê-lo da seguinte forma: "O meu propósito é que o povo...".

Título

Não é obrigatório dar título ao sermão. No entanto, ele pode ajudar a definir a mensagem. Na maioria das igrejas de hoje, os sermões são filmados, por isso exigem um título. O título também serve para a promoção prévia da mensagem.

Quando o título é chamativo, mencioná-lo durante o sermão é uma forma de atrair a atenção do povo. No caso de uma série de mensagens, pode-se anunciar o título da mensagem seguinte, a fim de motivar o público a manter o interesse.

Tema ou texto

Naturalmente, vai depender se o sermão é temático ou expositivo.

Introdução

É nesse momento que se deve captar a atenção do público, e você não tem muito tempo para fazer isso. Se não conseguir chamar a atenção nos primeiros minutos, será muito difícil fazê-lo mais tarde.

A forma de fazer isso é variada. Se o tema em si for atraente o bastante, basta que seja simplesmente mencionado. Pode-se também relatar uma experiência, pessoal ou não. Pode-se ainda contar uma história ou iniciar com uma frase bem-humorada.

A maneira mais comum é apelando para as necessidades do povo, de modo que os ouvintes percebam que a mensagem será proveitosa para a vida.

Corpo

O corpo do sermão será dividido de acordo com os pontos principais determinados na coluna "Aplicação". Essas divisões podem ser bem estruturadas, como é usual nas mensagens dos pregadores mais lógicos, ou serem menos evidentes, como no caso dos pregadores pós-modernos ou mais espontâneos, cujas mensagens são mais informais.

Cada ponto que pretendemos comunicar deve conter três elementos:

- explicação;
- ilustração;
- aplicação.

No caso do sermão temático, a explicação é a do conceito que estamos apresentando. Já no caso do sermão expositivo, a explicação é a do texto bíblico.

As ilustrações podem ser histórias, mas é importante que tenham credibilidade quando criadas pelo pregador e que sejam bem contadas, a fim de que se tornem atraentes e de fácil assimilação pelo povo.

Também podem ser citações de autores conhecidos ou, se forem anônimos ou pouco conhecidos, que sejam suficientemente relevantes para justificar tal menção.

Pode-se também fazer uso de experiências pessoais. Aqui é preciso ter cuidado para não exagerar, a fim de que a mensagem não acabe se tornando autorreferencial, focada mais na pessoa do pregador que no tema ou no texto. É preciso equilíbrio ao fazer qualquer menção a uma experiência pessoal quando se prega. Ou seja, pode-se citar uma experiência desse tipo, desde que reflita um bom exemplo. Aqui a intenção deve ser levar o povo a perceber que alguém está ensinando aquilo que vive, mas acima de tudo o valor prático precisa ser comprovado na pessoa. Contudo, também é válido o pregador ilustrar o sermão com alguma experiência de falhas e erros pessoais. Isso lhe permitirá ter mais proximidade com o público, de modo que não aparente estar sobre um pedestal, a ponto de os ouvintes dizerem: "Esse princípio da Palavra só pode ser vivido por pessoas perfeitas como o meu pastor, não por mim".

Há outras formas de ilustrar um ensinamento, como o humor. Nesse caso, é importante que a ilustração reforce o ponto que se deseja enfatizar, de modo que tanto o que é dito quanto a forma em que o pregador o diz soem engraçado. Caso contrário, haverá um anticlímax, que dispersará a atenção dos ouvintes. Obviamente, o uso do humor é apenas um meio que tem uma finalidade: que o ensinamento fique gravado na mente das pessoas. Para isso, seu uso deve ser cuidadoso. Não se trata de apenas divertir a plateia nem de pôr a figura do pregador no centro, mas de dar destaque à Palavra.

A aplicação surge da terceira coluna e pode ser pessoal e/ou coletiva. Essa é a parte mais importante, porque reside aí o objetivo da mensagem.

Conclusão

Há diferentes tipos de conclusão. Pode ser um resumo do que foi dito, como, por exemplo, uma revisão dos pontos da mensagem, ou pode estar concentrada na resposta que se pretende dos ouvintes. No caso do sermão temático, pode ser o encerramento do tópico.

Em todos os casos, o pregador deve se concentrar na resposta do povo. Isso pode ser feito por meio de um apelo, explícito ou não.

O apelo é fundamental, porque nele você define o que procura, ou seja, a resposta dos ouvintes. O apelo deve ser claro e simples. Os ouvintes não devem ter dificuldade para entender a decisão que precisam tomar. Deve ser feito com convicção e autoridade. Se você pedir algum tipo de manifestação pública como resposta, oriente-os com clareza sobre o que fazer. Um apelo confuso produz uma reação confusa ou nenhuma reação.

Muitos pastores preparam o sermão, mas deixam o apelo a cargo da espontaneidade do momento. Considero isso um erro. É o momento mais importante da mensagem, porque é quando se especifica ou não o objetivo pretendido. Trata-se também da resposta dos destinatários da mensagem. Portanto, recomendamos que esse momento seja planejado, de modo que garanta que o nosso apelo seja o mais claro, simples, contundente e específico quanto possível.

A APRESENTAÇÃO DA MENSAGEM

Já vimos "o quê", mas o "como" também é importante. Alguns aspectos a serem lembrados:

- *Voz bem audível.* Que se escute bem e que se escute com clareza. A maioria dos templos hoje utiliza equipamento de som. O uso adequado de tal equipamento é essencial, pois um sermão em volume baixo ou muito alto ou com eco, interferências ou ruídos não conseguirá prender a atenção das pessoas, impedindo que se concentrem no conteúdo da mensagem que estamos transmitindo. Não subestime o som. É vital. Se a igreja não tem um técnico de som capacitado, é hora de investir no treinamento dos que lidam com a sonorização. Hoje há muitos cursos na internet que podem melhorar significativamente o desempenho dos técnicos de som. Nos locais onde o uso de equipamento de som não é necessário, quando o templo é de pequenas dimensões, o melhor é falar sem equipamento. Isso porque geralmente as congregações que se reúnem em salas pequenas não têm acústica adequada, nem equipamento de som apropriado, nem técnicos de som treinados. É óbvio que a unção não depende de equipamento sonoro, embora, infelizmente, não seja o que se vê na prática. O som é apenas um meio para o povo adorar de maneira adequada e receber a Palavra sem distração.
- *Autoridade ao falar.* Essa autoridade provém da consciência de que Deus nos deu a mensagem, de que já oramos e de que sabemos que o povo precisa ouvir o que temos para pregar.
- *Pronúncia clara.*
- *Sorriso contagiante.* É o que abre as primeiras portas da receptividade.
- *Não imitar ninguém.* A imitação é uma das primeiras formas de aprendizagem. Todo pregador novato busca alguém a quem imitar — isso é natural. Com o passar do tempo, no entanto, cada um deve encontrar um estilo próprio, que corresponda à sua personalidade e identidade ministerial. Ninguém é menos confiável para o povo que alguém que não seja ele mesmo. Por isso, evite impostar a voz ou adotar pronúncias estranhas. Seja natural.

- *Boa aparência.* Não me refiro aqui a um aspecto físico impecável e elegante, que acabe distraindo a plateia ou desviando a atenção do público para o pregador. O foco deve estar na mensagem que ele comunica.
- *Uso de gestos, mas sem exageros.* Qualquer coisa que confunda a pessoa com a mensagem é um distúrbio a ser evitado.
- *Deslocamento.* Se você costuma se movimentar na plataforma, cuide para não deixar a plateia "tonta".
- *Olhar para as pessoas.* Concentre ao máximo o olhar nas pessoas que consegue ver. Isso ajuda a tornar a comunicação mais direta.
- *Não ser cansativo.* Não sobrecarregue os ouvintes com insistentes pedidos de "améns" nem com coisas do tipo: "Diga para o irmão do lado...". Um pouco disso pode ser bom, como forma de buscar um *feedback*. No entanto, muitos pastores o fazem de forma contínua, como expressão da própria insegurança e da necessidade de encorajamento do povo ao pregador. Desse modo, acabam cansando o público.

EXERCÍCIOS

- Faça um esboço de uma mensagem temática sobre a oração.
- Escolha um parágrafo da Bíblia e elabore o esboço de uma mensagem expositiva.

CAPÍTULO 5

CERIMÔNIAS DE APRESENTAÇÃO DE CRIANÇAS

A intenção ao incluir neste *Novo manual do ministro* uma parte especial dedicada às cerimônias celebradas regularmente pelo pastor é servir-lhe de apoio para evitar que ele caia em atitudes extremas. Por um lado, para que não incorra no ritualismo frio que pode transformar a cerimônia em um evento sem espiritualidade e sem emoção, desvinculada do povo e guiada por um roteiro fixo, já conhecido de todos, e que iguala os celebrantes como se fossem pessoas anônimas. Por outro lado, para impedir que ele enverede pela improvisação, o que poderia ofuscar o caráter cerimonial e formal que a ocasião exige.

Para isso, o que iremos propor, como sugestão, é um formato básico para cada cerimônia, com propostas gerais que permitam incorporar variantes de acordo com os participantes e com as circunstâncias. Desse modo, esse esboço essencial dará a cada cerimônia o esperado toque de formalidade e de transcendência. Além disso, os elementos criativos que você incorporar em cada ocasião irão personalizar a experiência e assim permitir que os participantes sintam que a cerimônia foi feita exclusivamente para eles. Acima de tudo, tais elementos devem dar espaço ao Espírito Santo, para que sua ação seja sentida pelos protagonistas e pela comunidade.

Nesta parte, incluiremos as principais cerimônias que celebramos regularmente nas nossas igrejas. O material está dividido em duas seções.

A primeira trata de momentos transcendentes da vida das pessoas, como apresentação de crianças, bênção dos 15 anos, bênção matrimonial, renovação dos votos de casamento e funeral.

A segunda contém cerimônias relacionadas com a vida da igreja, como batismo, ceia do Senhor, lavagem dos pés e ordenação de pastores.

É de esperar em todas essas cerimônias a presença de pessoas que ainda não compartilham a nossa fé. Para muitos, será a primeira ocasião em que terão contato com uma igreja evangélica. Sabemos da importância da primeira impressão — uma grande oportunidade para impactar vidas. Para muitos, será o principal motivo para que queiram voltar a ter contato com o evangelho ou para que nunca mais desejem pisar em uma igreja.

Daí a importância da preparação adequada dessas cerimônias. A combinação do formal e do sentido de transcendência com o frescor, a proximidade, o tratamento exclusivo e a familiaridade saudável constituirá uma mistura que pode fazer enorme diferença para as pessoas que vivenciam ou vivenciaram outras experiências religiosas no passado. Embora nenhuma dessas atividades seja uma reunião evangelística, cada cerimônia pode tornar-se uma abordagem pré-evangelística, que abra ou feche as portas para aqueles que ainda não conhecem Jesus Cristo.

Com relação à vida dos fiéis, esse senso de singularidade, por ser diferente do que ocorre nas cerimônias regulares, irá inspirá-los à reverência, e os elementos que cada cerimônia tenta destacar — sempre submetidos à autoridade de Deus em todas as áreas, ambientes e circunstâncias da existência humana — despertarão neles uma forte sensação de transcendência.

DOIS MODELOS DE CERIMÔNIAS DE APRESENTAÇÃO DE CRIANÇAS

Este é um dos momentos mais importantes da vida de uma família. A igreja evangélica não batiza crianças, porque o ensino do evangelho é claro sobre isso. O batismo é o ato público resultante de uma decisão pessoal, que requer a compreensão desse passo e a livre decisão de seguir Jesus como Senhor e Salvador. Para isso, é fundamental que a pessoa use a razão para decidir, algo que um bebê não possui.

No nosso continente luso-hispano-americano, a maioria das famílias é oriunda de um contexto católico apostólico romano, no qual a crença é diferente da nossa. Aqui temos de ser duplamente cautelosos. Por um lado, devemos deixar claro a todos os presentes o motivo de apenas apresentarmos a criança com uma oração em vez de batizá-la. Isso os ajudará a entender que a criança não está sendo privada de uma "cristianização", mas que, pelo contrário, a estamos consagrando ao Senhor de acordo com os passos indicados pela Palavra de Deus e cumpridos pelo próprio Jesus.

Por outro lado, devemos ter cuidado para não ofender as pessoas que seguem uma doutrina diferente, muito menos ser agressivos em relação a elas, de modo que não fechem o coração para a mensagem de salvação. Como sempre será explicado na cerimônia, sabemos que a Bíblia ensina sobre o batismo de adultos, não de crianças. A maioria, porém, não sabe disso. Embora saibamos que o batismo infantil não é a forma escolhida pelo Novo Testamento, há nele um elemento importante — não para a salvação, mas quanto à intenção dos pais, pois, quando tomam a decisão, mesmo equivocada, de batizar os filhos, expressam o desejo de que estes sejam cristãos, não ateus, muçulmanos, agnósticos ou qualquer outra coisa. O caminho é errado, mas a intenção é boa. Assim, se formos agressivos, fecharemos o coração de muitas famílias para o evangelho.

Portanto, é possível uma abordagem positiva ao se fazer uma exposição clara do que a Bíblia ensina, ao explicar o que significa a apresentação de um bebê e por que não batizamos crianças. Não há necessidade de criticar, condenar ou agredir a crença dos demais.

Como em todas as cerimônias que estamos sugerindo, queremos respeitar os diferentes estilos litúrgicos das igrejas. Por isso, algumas das cerimônias são apresentadas aqui em estilos diferentes.

CERIMÔNIA DE APRESENTAÇÃO DE CRIANÇAS (ESTILO MAIS FORMAL)

1. Generalidades

Normalmente, o estilo mais formal ocorre em uma cerimônia realizada em caráter especial, fora do ambiente de culto.

Quase sempre, esse tipo de cerimônia é também individual, ou seja, apenas uma criança é apresentada por cerimônia, embora tenha uma estrutura litúrgica estabelecida, que se repete em todas as apresentações de criança.

2. A cerimônia

Abertura

HINO: "Quão grande és tu"

MINISTRO: Sejam todos bem-vindos! Estamos aqui reunidos para apresentar perante o Senhor .... (nome da criança) de acordo com vontade dos pais, ... e .... (nomes dos pais), que desejam consagrar a vida de seu filho/sua filha ao cuidado, proteção e bênção do nosso Pai celestial. Convido os pais a se aproximarem com seu filho/sua filha.

Oração de invocação

Convido todos vocês a invocar a presença do nosso Senhor Jesus Cristo, a fim de que ele conduza esta cerimônia e derrame sua bênção sobre esta criança.

ORAÇÃO: Pai nosso e Criador, invocamos a tua presença sabendo que estamos fazendo o que te agrada. Obrigado pela vida! E obrigado por esta vida, por dar à família .... (nome da família) a vida de .... (nome da criança). Hoje viemos consagrá-lo(a) a ti, para a tua glória e honra e para que a tua bênção e proteção sejam derramadas sobre ele/ela. É o que te pedimos, em nome do nosso Senhor Jesus Cristo. Amém.

Explicação do ato

Desde os tempos da fundação do povo de Deus, conforme o relato bíblico, o Senhor estabeleceu que os pais assumissem a responsabilidade de moldar a vida de seus filhos nos caminhos dele. A Bíblia diz:

> "Ouça, ó Israel: O SENHOR, o nosso Deus, é o único SENHOR. Ame o SENHOR, o seu Deus, de todo o seu coração, de toda a sua alma

e de todas as suas forças. Que todas estas palavras que hoje lhe ordeno estejam em seu coração. Ensine-as com persistência a seus filhos. Converse sobre elas quando estiver sentado em casa, quando estiver andando pelo caminho, quando se deitar e quando se levantar. Amarre-as como um sinal nos braços e prenda-as na testa. Escreva-as nos batentes das portas de sua casa e em seus portões" (Deuteronômio 6.4-9).

Ao trazer aqui seu filho/sua filha neste dia, os pais estão assumindo essa tarefa maravilhosa, que é o privilégio de garantir sua formação integral. O primeiro passo nesse sentido é apresentar seu filho/sua filha a Jesus Cristo, para que a bênção do nosso Senhor repouse sobre a vida dele/dela, desde os primeiros dias de sua existência.

> Trouxeram crianças a Jesus, para que lhes impusesse as mãos e orasse por elas. Mas os discípulos os repreendiam. Então disse Jesus: "Deixem vir a mim as crianças e não as impeçam; pois o Reino dos céus pertence aos que são semelhantes a elas". Depois de lhes impor as mãos, partiu dali. (Mateus 19.13-15)

Esse empenho paterno na formação de seu filho/sua filha é partilhado com a igreja de Jesus Cristo, que hoje também está decidida a acompanhar o processo de instruir "a criança segundo os objetivos que você tem para ela, e mesmo com o passar dos anos não se desviará deles" (Provérbios 22.6).

Ato de consagração

MINISTRO: Na presença de Deus e destas testemunhas, queremos consultar os pais de .... (nome da criança) sobre a disposição de consagrar seu filho/sua filha ao Senhor.

O ministro pergunta aos pais: É vontade de vocês apresentar o seu filho/a diante de Deus para dedicá-lo(la) solenemente a ele?

PAIS: Sim, é o nosso desejo.

O ministro pergunta aos pais: Vocês também prometem amar, valorizar e cuidar dele/dela com o amor do Senhor?

PAIS: Sim, prometemos.

O ministro pergunta aos pais: Vocês prometem guiá-lo(a) no conhecimento do Senhor Jesus Cristo como Salvador pessoal?

PAIS: Sim, prometemos.

O ministro pergunta aos pais: Vocês prometem ensinar-lhe a Palavra de Deus, para que ele/ela cresça em seus caminhos e de acordo com seus mandamentos?

PAIS: Sim, prometemos.

O ministro pergunta aos pais: Vocês prometem ser um exemplo de vida cristã para o seu filho/a sua filha?

PAIS: Sim, prometemos.

O ministro pergunta aos pais: Vocês consagram neste momento a vida de .... (nome da criança), para que Deus o(a) proteja, abençoe e use todos os dias de sua vida?

PAIS: Sim, nós o consagramos.

MINISTRO: Tendo ouvido dos pais o desejo de apresentar a vida de seu filho/sua filha .... na presença do Senhor e a promessa de amar, valorizar e cuidar dele/dela e de ensiná-lo(a) e guiá-lo(a) em seu caminho de acordo com sua Palavra, agora, como ministro do evangelho de Jesus Cristo e autorizado pelos pais, tomo a vida desta criança nos braços, como Jesus fez, para consagrá-la e abençoá-la.

(O ministro toma a criança nos braços.)

MINISTRO: .... (nome da criança), nós o/a consagramos para que a sua vida seja sempre para a glória e para o louvor do nosso Deus. Nós o/a colocamos sob a proteção e o cuidado de Deus Pai, sob a graça inesgotável de seu Filho, Jesus Cristo, o nosso Senhor, e oramos para que a comunhão do Espírito Santo seja uma realidade contínua na sua vida de agora em diante e para sempre.

Oração de consagração

Senhor do céu e da terra, Criador da vida e da vida de .... (nome da criança), nós consagramos esta criança a ti, para a tua glória e honra. Nós a colocamos sob a tua cobertura e a tua proteção. Pedimos que enchas seus pais de sabedoria para orientá-lo(a) de forma que .... (nome da criança) te conheça como Senhor e te sirva pelo resto da vida. Livra-o(a) do mal. Conserva-o(a) em perfeita saúde física, emocional e espiritual. Faz que ele/ela cresça não apenas em estatura, mas em graça diante de ti e dos homens. Faz que ele/ela prospere materialmente. Que o propósito para a vida dele/dela aqui na terra seja cumprido, e que ele/ela te sirva de maneira maravilhosa. Dá-lhe, no momento certo, um companheiro/companheira com quem possa formar uma família cristã, de modo que seus descendentes também te honrem e vivam para ti. Neste dia solene, com seus pais e como igreja, dedicamos esta criança a ti, para que sua vida glorifique sempre o nome do nosso Senhor Jesus Cristo. É o que te pedimos, em nome de Jesus. Amém.

CERIMÔNIA DE APRESENTAÇÃO DE CRIANÇAS (ESTILO MAIS CARISMÁTICO)

1. *Generalidades*

Normalmente, esse estilo contém alguns elementos mais informais e espontâneos. Não significa falta de preparação, e sim um espaço maior para detalhes não programados, seja por transmissão profética, seja por revelação no momento da cerimônia.

As cerimônias desse estilo costumam ocorrer durante o culto regular, quando se abre um espaço para as crianças serem apresentadas. Assim, a cerimônia torna-se mais curta; entretanto, isso não significa que não tenha o mesmo peso espiritual do estilo anterior.

Em congregações menores, a consagração é individual, ao passo que, nas congregações mais numerosas, várias crianças podem ser apresentadas ao Senhor durante um culto. Nas congregações maiores, visto que o número de crianças a apresentar pode ser significativo, costuma-se concentrar em um culto por mês todas as crianças nascidas durante esse período. Assim, os pais já estão cientes de que a cerimônia de dedicação dos filhos será realizada no primeiro ou no último domingo do mês. Os pais devem se cadastrar com antecedência, de modo que sejam incluídos no serviço do mês.

O momento será muito enriquecido se os pais enviarem previamente uma foto da criança para ser projetada no telão da igreja, a fim de que todos possam vê-la.

É prática em quase todas as igrejas que a congregação presenteie cada criança com uma Bíblia pelas mãos do ministro. Em algumas congregações, o presente é uma Bíblia infantil, que não é a Bíblia completa, mas uma seleção de histórias para crianças.

Na maioria das congregações, é o pastor da igreja quem apresenta a criança. Nas congregações maiores, a tarefa é realizada pelos pastores do ministério infantil. Nesse caso, a cerimônia não acontece no culto principal, mas no culto infantil, assistido pela família da criança.

Em todos os casos, esse tipo de cerimônia pode ser uma excelente oportunidade para os parentes não cristãos da criança terem um contato positivo com a igreja e ouvirem a mensagem do evangelho. Algumas congregações organizam uma pequena recepção após o culto — por exemplo, um almoço exclusivo para a família da criança. Desse modo, a impressão causada nos familiares é bem positiva. Em geral, o pastor aproveita a ocasião para falar um pouco sobre a igreja e convidar os presentes a frequentá-la.

Segue-se um modelo desse tipo de cerimônia dentro do culto regular. A consagração da criança pode ser realizada em diferentes momentos do culto. Alguns dos momentos mais frequentes são:

- *Entre o louvor e a adoração.* Destaca-se aqui o agradecimento pelas crianças nascidas e apresentadas.
- *No momento da adoração ou ao final dela.* Ressalta-se aqui a consagração dos filhos como um ato de adoração pelos pais e também pela igreja.

- *Antes ou depois da oferta.* Nesse intervalo, a ênfase recai sobre a dedicação dos filhos como uma oferta ao Senhor para sua glória e honra.

2. A cerimônia

MINISTRO: Neste lindo momento de adoração ao Senhor, gostaria de pedir aos pais da(s) criança(s) que hoje vamos apresentar ao nosso Deus, para dedicação a ele, que venham aqui.

(Os pais dirigem-se à plataforma com as crianças.)

A Bíblia diz que uma mulher chamada Ana trouxe seu filho Samuel ao templo do Senhor para consagrá-lo. A partir daquele momento, Samuel passou a servir exclusivamente a Deus. Ana havia orado muito por aquela criança. Tenho certeza de que vocês, pais, desejaram e oraram pelas crianças que hoje estão apresentando aqui. Não se trata de mera convenção social, e sim de um ato de consagração. A palavra "consagração" provém do contexto bíblico dos utensílios dedicados ao Senhor no tabernáculo e no templo, coisas simples como colheres, garfos e recipientes comuns. No entanto, a partir do momento em que esses objetos do dia a dia eram consagrados para uso do santuário, eles se tornavam utensílios sagrados. Ou seja, seriam usados exclusivamente para propósitos espirituais. Não eram mais objetos comuns: eram agora objetos santificados. O que tornava esses objetos fora do comum e sagrados era o fato de terem sido separados para uso exclusivo no culto a Deus.

Da mesma forma, Deus diz a vocês, queridos pais, que os filhos não são crianças comuns, mas que ele os pensou e projetou com amor e permitiu que vocês os concebessem. Ele os entregou a vocês para que cuidem deles e os ajudem a se tornar pessoas santificadas, ou seja, escolhidas por ele para seu serviço exclusivo. Alguns dos nossos filhos serão advogados, donas de casa, empresários, engenheiros, carpinteiros, comerciantes e pastores. No entanto, todos os nossos filhos, não importa o que façam, Deus deseja que sejam dedicados a seu serviço, porque ele os criou para um propósito maravilhoso. Uma colher era usada no templo para um propósito diferente do de um vaso, mas ambos eram santos, consagrados. Da mesma forma, não importa a que os seus filhos se dediquem como adultos, Deus os quer para seu uso exclusivo. Ou seja, que tragam glória ao nome dele em tudo que fizerem. Que a vida pessoal, familiar, profissional, profissional e ministerial deles glorifique o nome de Jesus Cristo.

Para isso, Deus colocou a vida deste(s) filho(s) nas suas mãos, mãe, e nas suas mãos, pai, para que vocês os amem e os criem no caminho do Senhor, de modo que o potencial e o propósito para o qual Deus o(s) criou seja plenamente alcançado.

Ana teve de se desprender do filho. Ela o deixou lá no templo. Não vou pedir a vocês, pais, que deixem o(s) seu(s) filho(s) aqui. Mas, como pais, temos de experimentar um desapego interior. Diga: "Senhor, sei que o meu filho é teu. Que tu me emprestaste por alguns anos para que eu possa criá-lo nos teus caminhos. Renuncio ao desejo de impor sobre ele os meus sonhos, desisto de forçá-lo a atender às minhas expectativas. O que quero hoje é que ele realize os teus sonhos e corresponda às tuas expectativas. Eu o consagro a ti, Senhor!".

A consagração não anula as decisões dos nossos filhos no futuro nem as reprime; pelo contrário. Samuel tornou-se o homem mais importante de sua época. Os três cargos mais importantes e honrados em Israel eram o de sacerdote, de profeta e de autoridade governamental (em uma época, os juízes; em outra, os reis). Samuel foi consagrado a Deus e tornou-se o sacerdote mais importante de Israel naquele tempo, o profeta cuja palavra todo o povo seguia e o juiz que governou a nação até a ascensão do primeiro rei.

O(s) seu(s) filho(s) terá/terão um sentimento de realização na vida se (os) consagrarem com alegria ao Senhor "desapegando" dele(s) e entregando-o(s) a Deus para que ele cumpra seus maravilhosos propósitos na vida dele(s). Vocês, pais, estão prontos para fazer isso com o(s) seu(s) filho(s)?

MINISTRO: Jesus tomou as crianças nos braços e as abençoou. Ele disse: "Deixem vir a mim as crianças e não as impeçam". Pais, não só hoje, mas sempre, façam tudo o que estiver ao alcance de vocês para que os seus filhos — crianças, adolescentes e jovens — venham a Jesus Cristo. Não façam nada que seja um impedimento a isso.

Convido a congregação a se levantar e estender as mãos em sinal de bênção sobre a vida desta(s) criança(s).

Oração de consagração

Opção 1: O pastor toma cada criança nos braços e profetiza sobre ela.

Opção 2: O pastor toma cada criança nos braços e faz uma oração de consagração individual por ela.

Opção 3: O pastor faz uma oração geral por todo o grupo de crianças apresentadas.

Senhor, nós te consagramos este presente para a vida desta família e da nossa igreja. Sua vida é uma poderosa mensagem de esperança vinda de ti. Tu enviaste esta criança à terra para fazer algo de que todos nós precisamos. Tu a enviaste neste momento, porque a vida dela será usada por ti para a transformação de vidas e de realidades que precisam de mudança. Não estamos orando apenas por uma criança. Estamos consagrando a vida de um líder, de um servo teu que glorificará o teu nome. Nós liberamos o propósito e o potencial desta criança nesta terra e o cobrimos para que o Diabo não possa afetá-la em nada: nem em seu espírito, nem em sua alma, nem em seu corpo. Que toda a sua vida, sua família, sua vocação, seus bens e seu tempo sejam motivo para honrar o nome que está acima de todos os nomes, o nome do nosso Senhor Jesus Cristo! Como pais, como família e como igreja, assumimos o compromisso de ajudar na formação de sua vida, de modo que se cumpra plenamente o que planejaste para ela. Nós consagramos esta criança e a apartamos do mal. Nós a consagramos para o serviço exclusivo do teu Reino. Nós a dedicamos para um relacionamento de amor eterno contigo. Declaramos que esta criança, a seu tempo, será um filho e um servo teu. Fazemos isso em nome do Pai, do Filho e do Espírito Santo. Amém.

CAPÍTULO 6

CERIMÔNIA DE BÊNÇÃO DOS 15 ANOS

As meninas da América Latina costumam fazer uma festa especial ao completar 15 anos. Em alguns países, é chamada *Fiesta de Quince* [Festa de quinze]; em outros, *Fiesta de Quinceañera* [Festa dos 15 anos]; em outros ainda, simplesmente *Marmelo*. Nos Estados Unidos da América, a celebração é aos 16 anos, denominada *Sweet-Sixteen* [Doces 16 anos]. Trata-se de um "ritual de passagem", pelo qual se celebra a passagem de uma fase da vida para outra. A jovem deixa de ser menina e passa a ser considerada mulher. Isso não significa que a menina atingiu a maioridade, pois essa categoria costuma ser posterior e varia de acordo com as leis de cada país.

Algumas igrejas evangélicas adotaram o costume de fazer uma cerimônia para adolescentes que completam 15 anos, em parte como reação às celebrações seculares, que incluem determinadas práticas que as igrejas evangélicas tradicionalmente não costumam endossar. Dada a pressão social resultante das festas que dão os colegas estudantes e amigos, algumas igrejas incorporaram a cerimônia em suas práticas, dando espaço às nossas jovens.

No entanto, acreditamos que existe também um valor positivo, não apenas reativo. Em muitos casos no continente, a situação econômica e social de muitas meninas as impede de dar uma festa. A possibilidade de a igreja organizar uma festa, com a ajuda de todos os irmãos que contribuem com algo delicioso para comer, pode ser uma demonstração de amor pela jovem, que a marcará positivamente para o resto da vida.

Além disso, há um valor contracultural e espiritual. As transições na vida do ser humano são muito importantes, porque são decisivas. Caso não as consideremos pela perspectiva pastoral, vale lembrar que são em momentos como esse que a pessoa pode se desviar do caminho do Senhor. Em contrapartida, quando a igreja, em sua ação pastoral, encara com seriedade tais transições, esses momentos críticos tornam-se grandes oportunidades para a pessoa se estabelecer definitivamente no Senhor e na igreja. Consagrar ao Senhor a nova etapa da vida de uma menina que passa para a vida adulta é fundamental. Significa submeter ao senhorio de Jesus Cristo todos os momentos da vida de uma pessoa. Significa também acompanhar com alegria e celebração, na condição de igreja, essas instâncias transcendentes na vida de uma jovem.

Acrescente-se que, se essa celebração for feita de uma perspectiva bíblica e amorosa, em vez de legalista e repressiva, os colegas da homenageada e as pessoas de seu círculo de amizade que participarem do evento serão impactados por uma perspectiva festiva da vida cristã que, longe de ser restritiva, se manifesta de forma saudável e divertida.

Permitirá também que a jovem seja confrontada com os desafios da responsabilidade que deverá assumir perante Deus nessa nova etapa da vida e fará isso na frente dos colegas. Você poder dizer-lhe que entrar na idade adulta implica responsabilidade nos estudos, na sexualidade, na vida afetiva, no cuidado com a alimentação e do corpo e no crescimento espiritual e ministerial.

1. GENERALIDADES

A cerimônia pode ter alguma variação, de acordo com o ambiente — não tanto com relação ao conteúdo, mas quanto ao momento, à duração e à continuação do programa. A cerimônia pode ser realizada em pelo menos três lugares: no templo, em uma casa de família ou em um salão de festas.

Caso aconteça no templo, a cerimônia pode ser exclusivamente religiosa ou pode ser seguida de festa de comunhão no mesmo edifício. A segunda alternativa é a casa da família ou de um familiar. Nesse caso, a celebração é principalmente familiar, ou seja, uma festa, durante a qual haverá um momento de celebração e de consagração espiritual da aniversariante. A terceira alternativa é um salão de festas. Nesse caso, o evento é principalmente social, mas também haverá espaço para a cerimônia espiritual. Normalmente, a cerimônia no templo costuma ser mais curta que nos dois outros lugares. Em primeiro lugar, porque muitas vezes na casa da família ou no salão de festas não é possível um momento de adoração com música. Em segundo lugar, porque os convidados muitas vezes desconhecem os elementos litúrgicos. Nesses lugares, o tempo dedicado à cerimônia religiosa limita-se a uma palavra do pastor e a uma oração pela aniversariante.

Já no templo as possibilidades são maiores. Os participantes, ainda que não conheçam as peculiaridades da liturgia cristã, saberão que se encontram em um contexto religioso e aceitam sem desconforto as práticas que fazem parte dos nossos cultos. Os recursos musicais e sonoros também possibilitam uma cerimônia mais completa. Por esses motivos, o modelo a seguir foi planejado para o templo. Nos casos em que a cerimônia acontece em outros lugares, como já explicamos, o ministro pode restringir o programa a uma introdução explicativa do momento, uma reflexão bíblica e um momento de oração pela homenageada.

2. A CERIMÔNIA

Início da cerimônia

Enquanto a homenageada não chega, o grupo musical da igreja executa canções instrumentais ao fundo, ao estilo típico de uma garota de 15 anos.

Entrada do cortejo

- *Entrada da mãe da moça.* A mãe da homenageada entrará de braços com um irmão da moça, ou, caso ela não tenha um irmão, com um homem que tenha importância para a moça. Depois da mãe, um grupo de rapazes da igreja, da mesma idade da homenageada, formará um cortejo. A mãe irá se sentar em uma cadeira reservada para ela na primeira fila, à direita. Os jovens que a seguiram ocuparão um setor à esquerda, reservado para eles.

- *Entrada da homenageada com o pai.* Outra música instrumental será executada, para distinguir as entradas, a fim de criar uma expectativa adequada antes da entrada da aniversariante. A homenageada entrará de braços com o pai ou com um adulto do sexo masculino importante para ela, que a conduzirá até a frente. Ele deve ficar do lado direito. Atrás deles, formando um segundo cortejo, entrará um grupo de moças da igreja, da mesma idade da homenageada. O pai beijará a filha e a deixará diante do pastor que conduzirá a cerimônia. O pai ocupará um lugar previamente reservado, na primeira fila ao lado da mãe da homenageada. As moças ocuparão um setor à direita, reservado para elas.

Ministro

- O ministro deve receber a homenageada com uma atitude de calorosa e sorridente e uma linguagem não verbal que transmita tranquilidade à moça, bem como a ideia de que o momento é memorável e de grande alegria.

MINISTRO: Sejam todos bem-vindos a esta cerimônia tão especial que estaremos compartilhando juntos, em comemoração aos 15 anos de .... (nome e sobrenome da homenageada). Assim, vamos invocar a presença do Senhor e louvar seu nome com uma oração e um tempo de adoração a ele.

Oração do ministro: Pai celestial, muito obrigado por teres feito que .... e .... (nome dos pais da jovem), quinze anos atrás, trouxessem .... (nome da homenageada) a este mundo para realizar o teu propósito em sua vida e, por meio dela, na vida de todos a seu redor. Hoje estamos aqui não só para te agradecer pela vida dela, mas também para consagrá-la e pedir a tua bênção para esta etapa da vida que agora se inicia. Com ação de graças, nós te bendizemos pelo teu cuidado, por tua proteção e orientação durante a infância desta jovem. Com fé, pedimos que nesta passagem para a vida adulta ela experimente uma relação tão íntima e maravilhosa contigo que seja expressão da tua graça e da tua plenitude em todas as áreas de sua vida. Em nome do nosso Senhor Jesus Cristo. Amém.

- O ministro ou líder de louvor conduzirá a congregação em uma ou duas canções escolhidas pela homenageada.

Mensagem

MINISTRO: A Bíblia, a Palavra de Deus, diz:

> Bendito seja o Deus e Pai de nosso Senhor Jesus Cristo, que nos abençoou com todas as bênçãos espirituais nas regiões celestiais em Cristo. Porque Deus nos escolheu nele antes da criação do mundo, para sermos santos e irrepreensíveis em sua presença. Em amor nos predestinou para sermos adotados como filhos, por meio de Jesus Cristo, conforme o bom propósito da sua vontade, para o louvor da sua gloriosa graça, a qual nos deu gratuitamente no Amado (Efésios 1.3-6).

Estamos aqui hoje para algo muito mais transcendente que comemorar os 15 anos de .... (nome da jovem). Isso é importante, mas há algo muito mais significativo. E se hoje descobríssemos que .... (nome da jovem) não tem 15 anos, mas milhões de anos? É verdade, porque a Bíblia diz que Deus a escolheu antes da fundação do mundo. Ou seja, há quinze anos aconteceu algo muito importante: .... (o nome da jovem), concebida por seus pais, veio a este mundo para cumprir um propósito pensado por Deus antes que ele criasse todas as coisas do Universo. Portanto, o que estamos fazendo hoje é celebrar o décimo quinto aniversário da realização do plano eterno de Deus.

Sim, querida .... (nome da jovem), você foi escolhida por Deus para um propósito maravilhoso, e para isso Deus já a abençoou nos lugares celestiais antes da fundação do mundo. Hoje vamos nos alinhar com essa bênção. Você vai aterrissar dos lugares celestiais neste lugar, e vamos "atualizá-la" desde antes da fundação do mundo até hoje e também quanto ao futuro e abençoar você também.

O Senhor escolheu você para ser santa e sem mácula. Isso quer dizer estar separada para ele. A palavra "santo" provém do contexto do tabernáculo e do templo e era usada quando um simples vaso ou qualquer outro utensílio de uso diário era separado para uso exclusivo do templo. Assim, um utensílio comum, como uma colher ou um garfo, de repente se tornava um objeto sagrado. Da mesma forma, você foi escolhida para o serviço exclusivo do Senhor. Não importa o que você defina como a sua vocação, ou profissão, você foi escolhida para que tudo que venha a fazer seja um serviço exclusivo ao Senhor.

Esta será a primeira responsabilidade que você terá ao entrar na vida adulta hoje: definir, sob a orientação do Espírito Santo, qual será o seu propósito na terra, por meio do qual você servirá exclusivamente a Deus, pelo resto da vida.

No entanto, o texto bíblico diz também que você foi escolhida para ser sem mácula. Aqui encontramos uma segunda atitude que você terá de tomar ao passar da infância para a vida adulta: viver sem contaminar o seu coração, a sua mente, a sua sexualidade e a sua maneira de falar e de agir com coisas que não estão de acordo com a vontade de Deus.

Deus predestinou você para algo e fez isso com base no amor. Mas o seu destino não anula a sua liberdade, porque você é quem terá de decidir o que fazer da sua vida. A predestinação é como um mapa rodoviário. Se você quer ir de uma cidade para outra e não sabe o caminho, a melhor coisa a fazer é consultar um mapa ou usar o GPS. Eles indicarão a maneira mais rápida e segura de chegar ao seu destino. Mesmo assim, é você quem decidirá se seguirá essas instruções ou se fará o que lhe vier à mente. Deus predestina você, mas você decide o seu destino. Entrar na vida adulta significa, entre outras coisas, assumir a responsabilidade por qualquer decisão que vier a tomar.

Quando Deus predestinou você, ele não fez isso para limitá-la, reprimi-la ou frustrá-la. Pelo contrário, foi para que você pudesse viver plenamente, porque o texto diz que ele predestinou você no amor. Ele encontrou o melhor para você, porque a predestinou para ser adotada como filha. Jesus disse que, se os pais humanos, com todas as suas limitações, sempre pensam em dar o melhor para os filhos, quanto mais o Pai celestial! Então, quando ele predestinou você, foi para o seu bem. Por isso, se você quer ser uma mulher sábia e feliz, siga essa predestinação, esse roteiro. Cada vez que você tomar uma decisão sem consultar o Senhor, correrá o risco de cometer um erro. Cada vez que você tomar uma decisão oposta à vontade do Criador, irá se machucar, atrasará os processos e sofrerá as consequências — não por castigo, mas por causa das escolhas erradas que fizer. Lembre-se de que ele a predestinou no amor. Ou seja, com o melhor.

Quando você entender essa escolha de Deus para a vida, não ficará tentando agradar a todos, nem buscará a aprovação de ninguém, nem implorará por um pouco de atenção. Os *likes* das redes sociais terão pouco significado para você, porque estará convencida do seu valor pessoal e terá uma autoestima equilibrada e saudável. Você entenderá que aquela escolha, aquela predestinação, aquela adoção como filha foi feita de acordo com o puro afeto da vontade divina. Ou seja, porque Deus assim o quis e a amou desde a eternidade. O fato de alguém admirá-la não acrescentará um milésimo de autoestima à sua vida. Se alguém a menosprezar, isso não diminuirá um milímetro do seu autoconceito. Porque ninguém menos que o Senhor do Universo e da história diz a você: "Minha filha, você é amada por mim, escolhida, predestinada, adotada, desejada desde a eternidade e por toda a eternidade. Será que a opinião de alguém irá superar a minha?".

Com isso em mente, nenhum ser humano conseguirá manipular você ou fazê-la sofrer. Você escolherá o seu parceiro de vida com sabedoria. Sob a orientação do Espírito Santo, irá se decidir por alguém emocionalmente saudável, que a ame de maneira saudável, assim como Deus a ama.

Estas são as principais decisões de vida que você deve tomar a partir de agora, ao entrar na vida adulta: buscar o seu propósito na terra; ter uma vida sem mácula, agradando a Deus em tudo; viver de acordo com a orientação divina, seguindo a rota que ele traçou; escolher um parceiro de vida que a ame e respeite, da mesma forma que Deus ama e valoriza você.

Em última análise, o texto bíblico diz que a razão pela qual Deus fez tudo isso com você é que você foi criada para o louvor da glória de sua graça. Deus quer que as pessoas o adorem por sua gloriosa graça, pela qual ele a escolheu, quando olharem para você e virem as decisões sábias que você tomará de agora em diante.

Por isso, o que você fará agora é muito importante. Você pronunciará os seus votos de consagração a Deus, a sua determinação voluntária de viver para o louvor da glória de Deus como filha consagrada e sem mácula, para uso exclusivo do Criador; de fazer a vontade dele e cumprir o plano de Deus na sua vida.

Votos da aniversariante

Como em outras cerimônias, a declaração dos votos pode ser feita de diferentes maneiras. Pela via mais formal, o pastor faz algumas perguntas e a homenageada responde. É a maneira mais "segura", porque não depende do estado emocional da jovem, nem de sua habilidade de comunicação, nem de sua personalidade, ou seja, se é mais tímida ou extrovertida.

A jovem também pode expressar seus votos ou compromissos de vida perante o Senhor por meio de uma declaração. É uma forma bem calorosa e espontânea, desde que a menina não tenha sua fala prejudicada por timidez ou nervosismo.

Há uma terceira via, intermediária. Ou seja, a jovem expressa seus votos ou compromissos perante o Senhor, lendo-os. A seguir, apresentaremos a opção um e a opção três. A opção dois é semelhante à opção três, com a diferença de que não é lida, e dependerá da capacidade de improvisação da homenageada, por isso não há como escrever aqui sua declaração.

a) Votos solicitados pelo pastor:

MINISTRO: Estimada .... (nome da jovem), você está ciente de que ingressou agora em uma nova etapa da sua vida, na qual deverá assumir novas e maiores responsabilidades diante de Deus, dos seus pais, dos seus amigos, da sociedade em geral e da igreja?

ANIVERSARIANTE: Sim, estou ciente e assumo as minhas responsabilidades.

MINISTRO: Você promete, diante do Senhor, consagrar a ele todas as áreas da sua vida de agora em diante e para sempre?

ANIVERSARIANTE: Sim, prometo.

MINISTRO: Você promete servir ao Senhor com todas as habilidades, os talentos, os dons, o tempo e a força que Deus lhe concedeu?

ANIVERSARIANTE: Sim, prometo.

MINISTRO: Você promete se esforçar estudando e trabalhando para se tornar aquela pessoa que Deus planejou ao criar você e abençoar este mundo com a sua vocação?

ANIVERSARIANTE: Sim, prometo.

MINISTRO: Você promete, agora que é mulher, ser responsável com a sua sexualidade, ou seja, viver em santidade e pureza até o dia do seu casamento?

ANIVERSARIANTE: Sim, prometo.

MINISTRO: Você promete orar e se deixar ser guiada pelo Senhor na escolha do seu futuro marido, e isso na hora certa e orientada pela sabedoria dos seus pais e dos seus líderes espirituais?

ANIVERSARIANTE: Sim, prometo.

MINISTRO: Você promete, quando for esposa e mãe, guiar toda a sua família aos pés do Senhor e fazer da sua casa um verdadeiro lar cristão?

ANIVERSARIANTE: Sim, prometo.

MINISTRO: Você promete ser fiel a esta igreja amando os seus irmãos, honrando-os e servindo a todos de acordo com os dons e ministérios que Deus lhe deu, a fim de expandir o Reino de Deus na terra?

ANIVERSARIANTE: Sim, prometo.

MINISTRO: Você promete ser uma cidadã honesta, comprometida com o bem comum da nossa nação, dando a ela uma contribuição significativa com base na sua identidade cristã?

ANIVERSARIANTE: Sim, prometo.

b) Votos declarados ou lidos pela aniversariante

ANIVERSARIANTE: Diante do Senhor Jesus Cristo, a quem amo e pertenço, prometo passar esta nova etapa da minha vida em intimidade com ele, em unidade com a minha família e com a minha comunidade de fé, que é esta igreja, sempre crescendo em todas as coisas para glorificar o meu Senhor com o meu tempo, as minhas habilidades, os meus dons, os meus talentos, os meus recursos, os meus estudos, o meu trabalho, a minha vida afetiva, a minha sexualidade, os meus projetos e sonhos, as minhas amizades e o meu serviço tanto a ele como ao seu povo e à minha nação.

Oração de consagração

MINISTRO: Tendo ouvido da boca de .... (nome da jovem) esses votos, que expressam seu compromisso de consagração integral ao Senhor, convido a congregação a se levantar para que juntos oremos pela nossa amada irmã.

Oração: Pai celestial, nós te agradecemos por teres pensado nesta jovem com amor antes da fundação do mundo e por teres elaborado de modo tão perfeito um plano maravilhoso para sua vida. Depois de ouvir os votos que ela fez a ti, o nosso coração se enche de alegria ao recebê-la no mundo dos adultos, na certeza de que seu compromisso recém-verbalizado será realizado com responsabilidade em todas as áreas de sua vida. Portanto, no poder da concordância dos pais e com toda a congregação, nós a abençoamos em todos os aspectos de sua vida hoje e sempre, em nome de Jesus. Amém.

Bênção dos pais

MINISTRO: Convido os pais a virem aqui expressar o que Deus pôs em seu coração.

MÃE: Amada filha, a Palavra de Deus lhe diz: " 'Muitas mulheres são exemplares, mas você a todas supera'. A beleza é enganosa, e a formosura é passageira; mas a mulher que teme o SENHOR será elogiada. Que ela receba a recompensa merecida, e as suas obras sejam elogiadas à porta da cidade" (Provérbios 31.29-31).

PAI: Filha, com a sua mãe, quero dizer que você é um presente de Deus para a nossa vida e para toda a nossa família e que, como pais, ativamos em você o melhor da nossa herança geracional e cancelamos tudo que seja negativo nessa herança. Nós a abençoamos com o melhor do céu e da terra, em nome de Jesus.

Gestos simbólicos

Os gestos simbólicos listados abaixo são opcionais. Dependerá dos costumes culturais de cada país e das práticas de cada igreja.

- O líder da igreja entrega à jovem uma Bíblia, em nome de toda a congregação: "Que esta Palavra guie os seus pés como uma luz no caminho e uma lâmpada a cada passo que você der na vida de agora em diante e para sempre".
- O pai e a mãe entregam-lhe um anel.
- Cada moça do cortejo feminino e cada rapaz do cortejo masculino desfilará diante da homenageada; cada moça lhe entregará uma flor, e cada rapaz, um versículo bíblico (pode ser um cartão com uma promessa bíblica ou um versículo verbalizado). Feito isso, todos voltam a seus assentos.

Louvor de encerramento

A congregação encerra a cerimônia com um cântico de culto comunitário ou, caso a igreja tenha coral, com um hino cantado por ele.

Saída

- Toca-se uma música instrumental para acompanhar a saída.
- O pastor cumprimenta os pais e a filha e se posiciona esperando que todos saiam.
- Os pais dão um beijo na filha e começam a caminhar lentamente pelo corredor, em direção à saída, seguidos pelo cortejo de rapazes.
- A homenageada segue atrás deles.
- Por fim, segue o cortejo feminino.
- Assim que o cortejo feminino chega à saída do templo, a congregação começa a sair para saudar a homenageada.

CAPÍTULO 7

CERIMÔNIA DE BÊNÇÃO MATRIMONIAL (1)

A cerimônia de bênção do casamento é uma das experiências mais bonitas de que um ministro pode participar. Depois da resolução de seguir Jesus Cristo, o casamento é a decisão mais importante que um ser humano pode tomar nesta terra. Nós, ministros do evangelho, temos o privilégio de acompanhar esse momento significativo e marcar espiritualmente, de alguma forma, o início de uma nova família. Os anos se passarão, mas o casal irá se lembrar da ocasião em que abençoamos seu casamento. Esta também é uma grande oportunidade de influenciar a vida dos adolescentes e dos jovens da igreja e de pessoas próximas dos cônjuges que ainda não conhecem Cristo. Provavelmente, a cerimônia de casamento é uma das reuniões evangélicas que mais causa impacto nos não cristãos. Portanto, devemos cuidar para que tudo seja muito bem organizado e o mais personalizado possível, de forma que corresponda ao que os noivos sonharam.

1. GENERALIDADES

Em alguns países do nosso continente, o pastor pode atuar como juiz de paz. Ou seja, tem autoridade civil para efetuar legalmente os casamentos. Em outros países, os pastores limitam-se a abençoar um casamento já homologado por um juiz no registro civil. No primeiro caso, por ser uma instituição civil, o pastor deve conhecer profundamente as leis do país concernentes ao casamento, a fim de cumprir todos os requisitos legais. Nesses países, é norma que o pastor tenha um livro para registrar cada casamento celebrado por ele, com todos os dados, além da documentação que a lei exige, a assinatura das partes contratantes e das testemunhas e a assinatura do pastor como ministro autorizado. Nesse caso, é imprescindível a presença de testemunhas que comprovem a realização do ato, independentemente do local onde se celebre o casamento.

Nos países em que o ministro religioso não atua como juiz de paz, essas precauções legais não são necessárias. Contudo, o pastor deve se certificar de que o casal que irá abençoar tenha de fato se casado perante as autoridades civis. Geralmente, o casamento é registrado em cartório. Neste *Manual*, apresentamos modelos de cerimônias exclusivamente de caráter religioso, sem conotações legais, pois variam de acordo com cada país.

É recomendável que o casal faça um curso de preparação para o matrimônio, no qual sejam tratadas as diversas questões relacionadas com o casamento e com a nova convivência, a fim de ajudá-los a iniciar esse vínculo da melhor maneira. O curso deve ser concluído com a preparação da cerimônia. Muitos ministros simplesmente determinam como será a cerimônia, em uma decisão unilateral, mas acreditamos que seja conveniente, em uma estrutura básica, que o casal possa fazer parte da elaboração final, de um modo que contemple seus desejos ou sonhos. Neste *Manual*, estabelecemos essa estrutura básica, mas também apresentamos opções que os noivos podem escolher sem ir além do que é apropriado a uma cerimônia religiosa.

Também é conveniente, como parte da preparação, que a cerimônia seja ensaiada, especialmente com relação à entrada e à saída, não só com o casal, mas com todos os participantes da cerimônia. Desse modo, todos saberão o que fazer, em que momento e de que forma. Assim, apesar do nervosismo natural dos participantes no dia da cerimônia, a possibilidade de erros ou de um momento constrangedor é reduzida significativamente.

Aqui e nos capítulos seguintes, apresentaremos quatro cerimônias. Neste capítulo, explicaremos com mais detalhes as questões da estrutura básica de qualquer cerimônia e, nos capítulos seguintes, forneceremos outras opções de mensagem.

2. A CERIMÔNIA

Início da cerimônia

Enquanto se aguardam os noivos, o grupo musical da igreja ou contratado executa canções instrumentais de fundo. Em alguns países do continente, é costume a noiva chegar depois da hora anunciada para a cerimônia e após a chegada do noivo. Assim, o noivo, o pastor e a congregação aguardam dentro do templo a chegada da noiva. A recomendação é que esse tempo de espera não ultrapasse 15 ou 20 minutos. Do contrário, todos começarão a ficar impacientes e desconfortáveis.

Na maioria das cerimônias, apenas a noiva entra com um acompanhante, geralmente o pai ou um adulto significativo. Mas há cerimônias em que o noivo também adentra o templo — acompanhado de uma mulher, geralmente a mãe — caminhando na direção do altar. Contudo, não é uma prática comum. No caso de se seguir o primeiro costume, que é o mais comum, recomenda-se, na medida do possível, que o noivo e sua acompanhante cheguem alguns minutos antes da chegada dos convidados e que, com o pastor, permaneçam sem serem vistos em uma sala adjacente até alguns minutos antes da entrada da noiva. Isso evita que as pessoas se aproximem para cumprimentá-los, perdendo, assim, a solenidade do momento. Também é conveniente que alguém fique a postos na porta da igreja, a fim de avisar o pastor quando o carro da noiva chegar. Em alguns templos, há uma campainha na sala de espera, que soará avisando o pastor da chegada da noiva. Caso contrário, a pessoa irá até a sala dar o aviso.

Nesse momento, o pastor entra no templo com o noivo e sua acompanhante, e todos assumem seus lugares aguardando a entrada da noiva com seu acompanhante. O pastor fica de frente para a congregação. O noivo e sua acompanhante posicionam-se no setor direito do templo, também olhando para a congregação enquanto aguardam a entrada da noiva.

Entrada do cortejo

Em alguns países, nas cerimônias mais formais, é habitual a entrada dos dois cortejos: o masculino, que acompanha o noivo, e o feminino, que antecede a noiva. (Quanto a isso, consulte as considerações sobre a cerimônia de bênção dos 15 anos, neste *Manual*.) No entanto, o mais comum é que um pequeno grupo de crianças afetivamente significativas para o casal caminhe à frente da noiva e de seu acompanhante.

Entrada da noiva com seu acompanhante

Quando a noiva e seu acompanhante estiverem prontos para entrar, é hora de se executar a marcha nupcial, ainda com as portas fechadas. Em seguida, a noiva entrará de braços com o pai ou com seu acompanhante, o qual, postado do lado direito, a conduzirá até o altar.

Eles caminharão lenta e cerimoniosamente na direção do altar. A velocidade do deslocamento dependerá da distância entre a porta e o altar. O ideal é que a distância seja a maior possível, de modo que a entrada da noiva dure o tempo exato da marcha nupcial. No caso de templos menores, recomenda-se que a noiva e seu acompanhante aguardem pelo menos um minuto à entrada, enquanto a música avança. Eles devem sorrir enquanto os convidados os observam; depois desse período, podem iniciar o deslocamento até o altar. Este é um dos motivos pelos quais recomendamos os ensaios, pois assim se poderá calcular o tempo da entrada da noiva, de modo que não se perca a solenidade e que os convidados possam apreciar a passagem da noiva. Às vezes, a noiva caminha tão rápido que, ao chegar diante do altar, a música mal passou da introdução. O povo nem conseguiu vê-la direito, e perde-se a solenidade do momento e da própria cerimônia como um todo.

Ao chegar diante do altar, o acompanhante dará um beijo na noiva e a conduzirá até onde está o noivo, que, por sua vez, também beijará sua acompanhante e receberá a noiva. O acompanhante da noiva deve ficar à direita dela, de frente para o pastor e de costas para a congregação. Depois disso, irá se postar ao lado da acompanhante do noivo, nos assentos do setor direito do templo.

Ministro

O ministro recepciona os noivos com uma atitude calorosa e sorridente; sua linguagem não verbal deve transmitir tranquilidade ao casal e a sensação de que se trata de uma ocasião memorável, que eles devem desfrutar.

MINISTRO: "Sejam todos bem-vindos a esta cerimônia especial de que iremos participar, para pedir a Deus a bênção para o casamento de .... e .... (nomes dos noivos), já formalizado legalmente perante as autoridades civis do nosso país. Assim, em pé, vamos invocar a presença do Senhor e louvar seu nome com uma oração e um tempo de adoração a ele".

Oração do ministro: "Pai celestial, muito obrigado porque um dia fizeste .... olhar com olhos diferentes para .... e colocaste neles o amor de um pelo outro. Graças te dou por eles terem chegado a este momento, e aqui estão não para cumprir uma exigência social, mas para buscar a tua bênção. Por isso, antes de qualquer outra coisa, queremos reconhecer-te como Senhor da nossa vida e Senhor da família, o único cuja bênção enriquece e não produz tristeza. Por isso, invocamos o teu nome agora, para que a bênção seja derramada sobre este novo lar. Em nome de Jesus. Amém".

O ministro ou líder de louvor conduzirá a congregação em uma ou duas canções escolhidas pelos noivos.

Mensagem

Jesus disse:

> "Quem ouve estas minhas palavras e as pratica é como um homem prudente que construiu a sua casa sobre a rocha. Caiu a chuva, transbordaram os rios, sopraram os ventos e deram contra aquela casa, e ela não caiu, porque tinha seus alicerces na rocha. Mas quem ouve estas minhas palavras e não as pratica é como um insensato que construiu a sua casa sobre a areia. Caiu a chuva, transbordaram os rios, sopraram os ventos e deram contra aquela

> casa, e ela caiu. E foi grande a sua queda". Quando Jesus acabou de dizer essas coisas, as multidões estavam maravilhadas com o seu ensino, porque ele as ensinava como quem tem autoridade, e não como os mestres da lei (Mateus 7.24-29).

O que torna esse ensino de Jesus um clássico é a relevância universal que tem essa palavra. Todos nos identificamos com essa parábola. Cada pessoa é um construtor, porque viver significa construir. Cada palavra que pronunciamos, cada gesto que fazemos e cada atitude são tijolos que vamos colocando na edificação. Jesus nos diz que existem apenas dois tipos de construtores: os precavidos ou sábios e os insensatos ou tolos. O construtor sábio ou sensato edifica a casa, isto é, a vida pessoal e matrimonial, sobre a rocha sólida. Já o construtor insensato não leva em consideração a importância do fundamento sólido e edifica a casa sobre algo tão instável como a areia.

Jesus conduz o desfecho da narrativa didática para o fato de que a tempestade se abateu sobre as duas casas. Caíram as chuvas, vieram os rios e sopraram ventos que atingiram ambas as casas, tanto a do sábio quanto a do tolo. As duas construções passaram pela crise de enfrentar uma tempestade, mas o resultado foi diferente. A casa do sábio, construída sobre bases sólidas, permaneceu intacta. Para que não haja dúvidas, Jesus informa: "Ela não caiu, porque tinha seus alicerces na rocha". Já a casa do tolo, construída sobre a areia, desabou imediatamente. Jesus acrescenta: "Foi grande a sua queda".

Quando pensamos no casamento, a parábola de Jesus assume uma relevância fantástica. Atendemos casais que fracassaram no casamento, e a maioria afirma que se casou por amor, com entusiasmo e com sonhos maravilhosos, mas, quando perguntamos: "Então, o que aconteceu?", a resposta quase sempre é: "Passamos por uma crise, por causa deste ou daquele problema, e tudo desmoronou". Ou seja, a maioria das pessoas acredita que, tanto na vida pessoal quanto na vida conjugal, os fracassos são resultado de tempestades.

Mas vocês, queridos .... e .... (nomes dos noivos), saibam que não são as crises, nem os problemas, nem as tempestades que fazem desmoronar as casas e os projetos matrimoniais, nem são eles que causam ruínas pessoais. A causa não são as tempestades. Porque o sábio também experimentou o trauma da tempestade. Ele também teve de enfrentar os problemas da chuva sobre seu telhado. A crise do rio golpeou as paredes, e as dificuldades dos ventos impetuosos sacudiram toda a casa. No entanto, a casa dele permaneceu intacta. Portanto, não são as tempestades, nem os problemas, nem as dificuldades que destroem os nossos sonhos, os nossos projetos, o nosso casamento ou a nossa vida. Não! Tudo que as tempestades fazem é revelar as bases sobre as quais construímos a nossa existência.

As fundações de uma casa não são visíveis. Os anos passam, e ninguém sabe que tipo de alicerce ela tem. As pessoas que visitaram a casa do sábio e a casa do tolo não perceberam a base sobre a qual foram edificadas. Eles elogiaram o projeto arquitetônico, apreciaram o conforto dos móveis e admiraram a decoração. No entanto, as fundações eram subterrâneas. Ninguém prestou atenção nesse detalhe. Contudo, os alicerces são revelados e assumem o centro do palco quando vem a tempestade.

As tempestades não apenas revelam os nossos alicerces, mas também nos qualificam. O sábio foi assim descrito por Jesus precisamente por ter construído sobre a rocha. O tolo também foi descrito como tal por Jesus precisamente por ter construído sobre a areia. Ambos se graduaram na hora da tempestade, um como sábio, e o outro como tolo.

Como chegou o momento de vocês estabelecerem as bases, gostaria de lembrar que todos nós temos de enfrentar tempestades, crises, problemas e dificuldades em diferentes momentos da vida. Como vocês certamente desejam ser sábios e querem que a casa que começaram a construir hoje permaneça de pé durante as tempestades, ambos devem prestar atenção no alicerce. Então, deixe-me dizer algumas coisas sobre as fundações.

Em primeiro lugar, a casa de vocês deve ser construída sobre a base da segurança.

Jesus qualificou o primeiro construtor como sábio, porque ele construiu sobre um alicerce seguro, uma rocha. O primeiro suporte estrutural de um bom relacionamento acha-se em uma palavra: "segurança". A insegurança, ao contrário, pode causar grandes prejuízos ao casamento e fazer que toda a estrutura seja abalada e desmorone.

E o que é segurança? É a confiança de que alguém se comprometeu a nos amar e nos valorizar para o resto da vida. É a consciência permanente de que, sejam quais forem as dificuldades que enfrentarem, trabalharão juntos para resolver os problemas. A maioria dos casais hoje se casa com bases inseguras. Eles já se casam com a "porta de saída" aberta. Por presumirem desde o início a possibilidade de fracasso, acabam não se comprometendo a se unir para enfrentar as tempestades. Por isso, é vital que vocês construam sobre a base do compromisso de amarem um ao outro, apesar de tudo, de se respeitarem mutuamente e de se entregarem além de qualquer diferença e de valorizar o outro mais que a si mesmo.

Em segundo lugar, a casa de vocês deve ser construída sobre a base da sabedoria.

Quando contou essa parábola, Jesus declarou que quem ouve e pratica suas palavras é como o sábio que edificou sobre a rocha. Disse também que quem ouve suas palavras e não as pratica é como o tolo que construiu sobre a areia. O ensino é óbvio. O fundamento sobre o qual se deve construir é a Palavra de Deus. O casamento contém uma variedade de arestas e questões. O que significa ser marido; o que significa ser esposa; a maneira de se relacionar; a comunicação abrangente; a administração e o crescimento material da família; os filhos; o relacionamento com o restante da família e com os amigos; o ministério de ambos, e assim por diante.

Na Bíblia, encontramos os princípios divinos para resolver absolutamente todas essas questões, a fim de vivermos bem. Cada um de vocês provém de uma casa diferente, e damos graças a Deus pelas duas famílias. Contudo, agora são vocês que iniciam uma nova história e terão de decidir como ela será construída. Cada um de vocês provém de um mundo doméstico diferente, com maneiras distintas de fazer as coisas, como cozinhar, organizar, administrar e planejar.

Portanto, sejam construtores sábios. Sigam o plano traçado para vocês pelo grande Arquiteto. Na Palavra de Deus, vocês encontrarão todas as instruções sobre todos os aspectos da vida. A Palavra de Deus é fonte de sabedoria. Sigam seus princípios, ponham em prática suas instruções e serão graduados como sábios.

Em terceiro lugar, a casa de vocês deve ser construída sobre a base eterna. Jesus contou essa parábola como uma ilustração do que ele estava ensinando — permitir que ele seja o Senhor da vida humana. "Senhor" não é um título de nobreza. Não é uma expressão litúrgica dirigida a Deus. Trata-se de algo muito prático. Significa simplesmente responder à pergunta: "Quem manda na sua vida?". É a resposta que cada um deve dar enquanto estiver vivo. Quando alguém puder afirmar que Jesus é o Senhor da vida, então poderá viver de forma plena.

Agora, porém, vocês terão de responder a essa pergunta também como casal. Imaginem alguém batendo na porta da casa de vocês e perguntando: "Quem manda nesta casa?". Qual será a resposta de vocês? Pode parecer algo sem importância, mas é tremendamente significativo. Porque as casas dos construtores tolos também desabam por causa da luta constante de quem manda, de quem prevalece sobre o outro. Para fazer isso, sacam as piores armas: manipulação, amor condicional, extorsão.

.... (nome do noivo), a Bíblia diz que você é o chefe dessa nova casa. No entanto, você não é o responsável. Quem está no comando é Jesus. Ser cabeça significa que você irá liderar este novo lar da mesma forma que Jesus lidera a igreja. É assim que a Bíblia diz: "Maridos, ame cada um a sua mulher, assim como Cristo amou a igreja e entregou-se por ela". Como chefe, você irá estabelecer a lei do amor no lar, a entrega de um ao outro marcada pelo seu exemplo.

Se você, querida .... (nome da noiva), tentar exercer o comando, sabe o que vai acontecer? Ambos viverão brigando pelo comando, e tudo que vão conseguir é um conflito permanente, ou um relacionamento em que um dos dois será anulado, ou, então, um relacionamento com base na manipulação. Ou um vácuo de autoridade que afetará o casamento e os filhos.

Por isso, seja sábia e ponha Jesus Cristo como Senhor, como o responsável pela casa de vocês. Com isso, obterão o maravilhoso resultado de serem guiados por ele.

Jesus está desafiando todos nós aqui hoje a discernir que tipo de construtores somos na edificação da nossa vida — sábios ou tolos. Construímos a vida sobre a Rocha, que é Cristo, ou na volatilidade de fundações temporárias, insuficientes e ineficazes? Por favor, não esperemos a próxima tempestade para prestar atenção nos alicerces. Não esperemos que venha a chuva e percamos as coisas que nos davam falsa segurança. Não esperemos que os rios cheguem e que as pessoas em quem havíamos depositado a nossa expectativa de felicidade desapareçam. Não esperemos que os ventos da adversidade soprem com força sobre a nossa vida.

Não vamos esperar. Vamos lançar hoje o único e verdadeiro fundamento seguro e eterno da nossa vida e permitir que Jesus hoje comece a ser o nosso Senhor.

Desejo encerrar parafraseando o ensino de Jesus: "Comparo a casa de .... e .... (nomes dos noivos), por terem ouvido estas minhas palavras e as praticarem, a um homem prudente que construiu a sua casa sobre a rocha. Caiu a chuva, transbordaram os rios, sopraram os ventos e deram contra aquela casa, e ela não caiu, porque tinha seus alicerces na rocha. Quem olhar para o casamento de vocês ficará maravilhado, porque vocês vivem em todas as áreas da vida de maneira plena, porque Jesus é a autoridade. Que assim seja. E é assim que vai ser!".

Votos dos noivos

A declaração dos votos pode ser feita de diferentes maneiras. Na versão mais formal, o pastor faz algumas perguntas, e os noivos respondem. Essa é a maneira “mais segura”, porque não depende do estado emocional dos cônjuges, nem de sua capacidade de comunicação, nem de sua personalidade, ou seja, se são mais tímidos ou extrovertidos.

Em outra versão, o casal expressa seu amor, seu compromisso e sua dedicação um ao outro por meio de uma declaração mais informal. É uma forma muito mais romântica, calorosa e espontânea, mas depende de o casal superar a timidez ou o nervosismo. Em geral, os noivos ensaiam com antecedência o que vão falar, sem que o parceiro saiba, a fim de acrescentar um toque de surpresa ao momento.

Há também uma terceira forma, intermediária: os noivos, em vez de decorar, leem seus votos perante o Senhor.

A seguir, apresentaremos a primeira opção. A segunda opção é semelhante à terceira. Como são fruto da improvisação ou de preparação prévia do casal, não podemos escrever aqui tais depoimentos.

Votos perguntados pelo pastor

MINISTRO: Querido .... (nome do noivo), você promete perante o Senhor e diante destas testemunhas receber .... (nome da noiva) como sua legítima esposa, para viver com ela, conforme ordenado por Deus, no santo estado do matrimônio?

NOIVO: Sim, prometo.

MINISTRO: Você promete amá-la, honrá-la, respeitá-la, ser fiel, entregar-se a ela e ser seu companheiro de vida, na doença e na saúde, na prosperidade e na adversidade, durante todo o tempo que Deus lhes conceder como marido e mulher?

NOIVO: Sim, prometo.

MINISTRO: Querida .... (nome da noiva), você promete perante o Senhor e diante destas testemunhas receber .... (nome do noivo) como seu legítimo esposo, para viver com ele, conforme ordenado por Deus, no santo estado do matrimônio?

NOIVA: Sim, prometo.

MINISTRO: Você promete amá-lo, honrá-lo, respeitá-lo, ser fiel, entregar-se a ele e ser sua companheira de vida, na doença e na saúde, na prosperidade e na adversidade, durante todo o tempo que Deus lhes conceder como marido e mulher?

NOIVA: Sim, prometo.

Entrega das alianças

Esse momento da cerimônia pode ser realizado pelo menos de duas maneiras. Se houver cortejo, uma das crianças entregará as alianças na mão do noivo, que, por sua vez, irá passá-las à mão do pastor. Se não houver cortejo, o noivo entregará antecipadamente as alianças ao pastor, que as levará consigo, a fim de entregá-las nesse momento da cerimônia.

MINISTRO: Estas alianças irão selar o compromisso que vocês acabaram de declarar. O metal precioso representa a pureza que deve ser característica de todo casamento cristão e o alto valor do vínculo que os une a partir de hoje. O círculo perfeito representa o amor fiel, um amor que nunca muda e nunca acaba.

.... (nome do noivo), ao colocar esta aliança na mão da sua esposa, você está dizendo a todos que se compromete a amar esta mulher com um amor incondicional e exclusivo.

(O pastor entrega a aliança ao noivo para
que este a coloque no dedo da noiva.)

MINISTRO: .... (nome da noiva), ao colocar esta aliança na mão do seu marido, você está dizendo como a mulher do Cântico dos Cânticos: "Eu pertenço ao meu amado, e ele me deseja".

(O pastor entrega a aliança à noiva para
que ela a coloque no dedo do noivo.)

Declaração oficial

MINISTRO: Em virtude desta declaração feita por ambos, e sabendo que contraíram matrimônio civil perante as autoridades do nosso país, como ministro do evangelho e autorizado por esta igreja, eu os declaro marido e mulher para sempre.

Bênção

- Oração

A noiva e o noivo, de mãos dadas, se ajoelharão, se possível, sobre um genuflexório ou sobre um conjunto de belas almofadas. O pastor colocará a mão nas mãos unidas da noiva e do noivo para orar:

MINISTRO: Senhor, nós te agradecemos pela vida de .... (nome do noivo) e .... (nome da noiva). Obrigado pelas famílias de cada um deles. Acima de tudo, somos gratos pelo teu amor indescritível, que os uniu e conduziu até este momento e que deseja continuar a guiá-los para sempre.

Pedimos que abençoes este casamento, que os enchas mais e mais de ti.

Dá sabedoria a .... (nome do noivo) para que, como cabeça do lar, ele conduza sua família sempre a fazer a tua vontade e seja o marido que .... (nome da noiva) necessita.

Enche de graça a .... (nome da noiva) para que, como auxiliadora idônea, sempre apoie .... (nome do noivo) em tudo e para que, como a mulher do lar, sempre ponha Cristo como Senhor de tudo e em tudo.

Pedimos que cuides da vida deles. Dá-lhes prosperidade em tudo. Dá-lhes filhos que encham o coração deles de alegria, que te conheçam como Senhor e Salvador e que sirvam a todos como uma família sacerdotal.

Sabendo que a tua vontade é abençoar a vida deles, nós, como igreja, nos aliamos ao teu desejo e os abençoamos em nome do Pai, do Filho e do Espírito Santo. Amém.

- Canção

Em algumas congregações, além da oração de bênção do ministro ao novo casal, essa etapa da cerimônia é encerrada com uma bênção cantada pelo coro ou por um grupo musical.

Encerramento da cerimônia

Quando o período de bênçãos terminar, o pastor cumprimentará cada um dos noivos e dirá: "Os noivos podem se beijar".

A noiva e o noivo se olham de frente e se beijam. Em seguida, dão as costas para o ministro, olhando para a congregação, e de forma lenta e cerimoniosa iniciam a marcha de saída. Eles devem olhar as pessoas e sorrir enquanto ouvem a música escolhida para esse momento.

Os pais seguem após o casal, e o cortejo, se houver, vai atrás do oficiante.

A noiva e o noivo, os pais e o pastor ficarão à saída do templo para saudar a congregação.

CAPÍTULO 8

CERIMÔNIA DE BÊNÇÃO MATRIMONIAL (2)

No capítulo anterior, explicamos com mais detalhes as generalidades e a estrutura básica de uma cerimônia de bênção matrimonial. Portanto, o leitor fará bem em relembrar esses conceitos. Aqui nos limitaremos a apresentar uma segunda opção de cerimônia, para que o ministro tenha alternativa.

A CERIMÔNIA

- Música instrumental
- Entrada do cortejo e da noiva
- Ministro
- Leitura bíblica

MINISTRO: A Bíblia diz em um de seus salmos:

> Cheia de esplendor está a princesa
> em seus aposentos,
> com vestes enfeitadas de ouro.
> Em roupas bordadas é conduzida ao rei,
> acompanhada de um cortejo de virgens [...].
> És dos homens o mais notável;
> derramou-se graça em teus lábios,
> visto que Deus te abençoou para sempre. [...]
> O teu trono, ó Deus, subsiste para todo o sempre;
> cetro de justiça é o cetro do teu reino.

- Oração

MINISTRO: Sim, Senhor, de fato o teu reinado é eterno. Tu és o Rei dos reis e Senhor dos senhores. A tua soberania é para todo o sempre.

Desejamos esta noite que a tua pessoa, Pai celestial, seja glorificada em todas as coisas. Que a tua pessoa, amado Jesus Cristo, seja entronizada a cada momento. Que a tua pessoa, Espírito Santo, nos guie e controle em todos os momentos.

Senhor, justamente por reconhecer a tua soberania e o teu domínio sobre todas as coisas e sobre a nossa vida e por saber que reinas sobre a vida de .... (nome do noivo) e .... (nome da noiva) é que estamos diante de ti suplicando a tua bênção sobre eles e sobre este novo lar. Fazemos isso na certeza de que não só o teu reinado é eterno, mas também a tua misericórdia. O amor que une hoje .... (nome do noivo) e .... (nome da noiva) provém de ti, porque tu és Amor, com inicial maiúscula. Então, Senhor, assim como te derramaste em amor sobre eles, agora pedimos que derrames a tua bênção sobre o lar deste casal.

Tu és digno, Rei da glória, de toda a honra e de todo o louvor para todo o sempre. Amém.

- Momento de adoração
- Mensagem
- Leitura do salmo 45

MINISTRO: Geralmente, nós, pastores, aproveitamos a ocasião para lembrar os noivos dos deveres do casamento. Hoje, em vez disso, quero lembrá-los não dos deveres do casamento, mas dos privilégios e recursos que Deus disponibilizou para a vida de casado. Acompanhem-me, então, em umas poucas ponderações sobre esse salmo. O salmo 45 é o cântico do casamento de um rei. Escolhi essa passagem porque estamos diante de um casal real. Vocês são reis. A Bíblia diz que Jesus Cristo "nos ama e nos libertou dos nossos pecados por meio do seu sangue, e nos constituiu reino e sacerdotes para servir a seu Deus e Pai" (Apocalipse 1.5,6). Jesus Cristo amou vocês, perdoou os seus pecados e os tornou reis. Portanto, o cântico do casamento do rei é apropriado para vocês, um casal real. A vida os levará a enfrentar muitas dificuldades. A convivência nem sempre é cor de rosa. No entanto, vocês não são um casal qualquer. Na verdade, são como qualquer outro casal quanto ao fato de que irão enfrentar todo tipo de problema. No entanto, não são um casal qualquer, por terem à disposição os recursos dos reis — recursos materiais, emocionais e espirituais. Diante das dificuldades que possam surgir, é importante que vocês reconheçam seu *status* real: Cristo está assentado "nas regiões celestiais, muito acima de todo governo e autoridade, poder e domínio, e de todo nome que se possa mencionar, não apenas nesta era, mas também na que há de vir" — acima de todas as dificuldades, de todos os problemas e de todas as adversidades. Vocês também reinam com Cristo. Essa é a posição de vocês. Por isso, a Bíblia, falando dos recursos que vocês possuem, afirma que Deus suprirá todas as suas necessidades com as riquezas de Deus em glória. "Tudo" é a palavra-chave. Deus suprirá tudo. O sustento do lar, a aquisição da casa própria, o conforto para uma vida digna, uma boa educação para os filhos: Deus suprirá tudo de que vocês necessitarem economicamente. Ele lhes dará seus recursos e os suprirá.

Diante dos ajustes e dos conflitos normais da convivência e da acomodação de um ao outro, Deus lhes dará todos os recursos.

Diante das grandes decisões da vida ou dos detalhes do cotidiano, Deus lhes providenciará tudo de que precisam.

O Inimigo tentará convencê-los de que vocês não são ninguém. No entanto, Deus lhes diz que vocês são reis e estão assentados nas regiões celestiais com Cristo.

Também escolhi esse texto bíblico porque estamos diante de um casal ungido: como o rei a quem o salmo se refere, vocês também foram ungidos por Deus com a mesma unção, com óleo de alegria.

O salmo 45 é para os ungidos, por isso é um salmo para .... (nome do noivo) e .... (nome da noiva).

Vocês receberam a unção do Espírito Santo para viver uma vida de vitória, por isso o salmo diz que a glória de vocês consiste em avançar triunfantemente na verdade, na misericórdia e na justiça. A vitória no casamento consiste nisto: avançar cada dia na verdade, na misericórdia e na justiça. A verdade do casamento é o amor. Vocês são desafiados a avançar triunfantemente no amor. O amor é muito mais que um sentimento. Quando é apenas um sentimento, o amor pode se esgotar e acabar. O amor, porém, é muito mais que um sentimento, por isso o texto diz que também devemos avançar na justiça. O amor é uma decisão diária. O amor é a decisão cotidiana de nos entregarmos inteiramente ao outro.

A nossa sociedade alienada de Deus leva-nos a competir e a buscar o prazer pessoal. Tudo é orientado de forma egocêntrica — ou seja, ao contrário do amor e da justiça. Por isso, amar é decidir todos os dias fazer o contrário: dar-se, buscar o bem do outro, ceder, compreender, renunciar ao egoísmo e ao egocentrismo.

Se vocês, ... (nome do noivo) e .... (nome da noiva), desejam um casamento feliz, avancem triunfantemente no amor que faz justiça quando um se entrega pelo outro, quando busca a felicidade do outro.

A Bíblia diz que "Deus derramou seu amor em nossos corações, por meio do Espírito Santo que ele nos concedeu" (Romanos 5.5). Isso só é possível por meio da unção do Espírito que vocês receberam. Cada um de vocês deve tomar diariamente a decisão de se doar cada vez mais ao outro em amor.

É preciso progredir na misericórdia. Vocês estão sendo desafiados pela Palavra de Deus a progredir triunfantemente na misericórdia. Misericórdia significa ter comunhão com Deus. A primeira coisa que vocês descobrirão quando voltarem da lua de mel e começarem o ritmo normal da vida é quantas coisas a família de vocês fazia quando eram solteiros e que agora vocês terão de fazer. A segunda descoberta será que, em consequência disso, o tempo será cada vez mais curto. Quando isso acontece, geralmente a primeira vítima é Deus. O tempo dedicado a estar com Deus é cada vez mais reduzido e, em muitos casos, até deixa de existir. No entanto, se vocês quiserem um casamento feliz, aproveitem a unção concedida pelo Espírito para crescerem na comunhão com Deus. A experiência nos diz — e certamente a de vocês o confirma — que o tempo dedicado a estar na presença de Deus, longe de nos atrasar, nos enche de vitalidade e daquela sabedoria que nos capacita a fazer as demais coisas.

Se vocês tiverem a capacidade de buscar Deus todas as manhãs, de entregar-lhe o controle de tudo e de desfrutar a presença dele, o Senhor levará a oração de vocês a sério e controlará de fato tudo o que fizerem. Se ele estiver no controle de tudo, como algo poderá dar errado? A unção é para vocês, como casal, avançarem triunfantemente também na misericórdia.

A terceira razão pela qual escolhi esse salmo é que estamos diante de servos do Senhor. Deus escolheu cada um de vocês antes do nascimento. Ele providenciou que ambos, desde o dia em que vieram a este mundo, fossem criados em seus caminhos. Deus cuidou de vocês para que nada de ruim lhes acontecesse e para que não se equivocassem quando tivessem idade suficiente para tomar decisões.

Deus os salvou em Cristo Jesus, também os encheu com seu Espírito Santo e lhes deu dons maravilhosos. Ele não fez tudo isso apenas por fazer ou só para os abençoar, mas para que vocês fossem uma bênção. Hoje, no primeiro dia de vocês como casal, nós, a igreja, declaramos que vocês serão um casal de servos poderosos no Reino de Deus. Como diz o salmo, a graça de Deus fluirá dos seus lábios. Aqueles ao seu redor ficarão cheios de alegria, e as suas mãos realizarão grandes feitos.

Por fim, escolhi esse salmo porque, embora fale do casal real, fala principalmente do Rei, com inicial maiúscula. O mais importante neste dia/nesta noite é o Rei Jesus Cristo. E sei que vocês concordam comigo. A mesma coisa deve acontecer todos os dias no lar de vocês. Cristo deve ser entronizado. Ele deve ocupar o primeiro lugar na família de vocês, deve ser aquele que os oriente na tomada de decisões. Ele deve ser o dono de tudo e o Senhor da vida de vocês. O que vocês irão fazer hoje deverão repetir todos os dias. Esta cerimônia não servirá de muita coisa, a menos que a repitam todos os dias. É claro que você, ... (nome da noiva), não estará tão bonita quanto hoje, nem você, ... (nome do noivo), estará tão elegante. Não haverá tantas testemunhas nem um pastor falando com vocês. No entanto, assim como hoje, vocês devem pedir a Deus, todos os dias, que abençoe o lar de vocês. Devem entregar-lhe diariamente o controle do casamento de vocês.

A promessa do salmo a vocês é que Deus os abençoará para sempre, que sua glória cobrirá vocês, que os inimigos serão derrotados e que a alegria será permanente. Que os filhos que Deus lhes der sigam o caminho dos pais, ou seja, os caminhos do Senhor, e também sejam príncipes, e que todos louvem a Deus pelo lar de vocês.

- Votos dos noivos

MINISTRO (dirigindo-se ao casal): Deus conhece o coração de vocês, e diante dele a única coisa que conta é um coração sincero. Vocês agora irão responder às nossas perguntas para certificar diante de Deus e das testemunhas que hoje os acompanham o propósito de se unirem em matrimônio.

MINISTRO (dirigindo-se ao noivo): .... (nome do noivo), você confirma diante de Deus e de nós ter aceitado .... (nome da noiva) perante as autoridades civis da nossa nação como sua legítima esposa?

NOIVO: Sim, confirmo.

MINISTRO (dirigindo-se ao noivo): .... (nome do noivo), você promete amá-la, honrá-la e ajudá-la espiritual e materialmente e dividir com ela momentos felizes e tristes, de saúde e de doença, de prosperidade e de necessidade, durante todo o tempo que Deus lhes conceder como marido e mulher?

NOIVO: Sim, prometo.

MINISTRO (dirigindo-se à noiva): .... (nome da noiva), você confirma diante de Deus e de nós ter aceitado .... (nome do noivo) perante as autoridades civis da nossa nação como seu legítimo esposo?

NOIVA: Sim, confirmo.

MINISTRO (dirigindo-se à noiva): .... (nome da noiva), você promete amá-lo, honrá-lo e ajudá-lo espiritual e materialmente e dividir com ele momentos felizes e tristes, de saúde e de doença, de prosperidade e de necessidade, durante todo o tempo que Deus lhes conceder como marido e mulher?

NOIVA: Sim, prometo.

- Entrega das alianças

MINISTRO (dirigindo-se ao casal): Desde os tempos antigos, os anéis têm servido para confirmar os pactos mais importantes. Nesse caso, não se trata apenas de uma joia. São mais que meros anéis, são alianças (e os chamamos assim), por meio das quais vocês estão selando um compromisso de amor, fidelidade e entrega permanentes.

MINISTRO (dirigindo-se ao noivo): .... (nome do noivo), ao colocar esta aliança na mão da sua esposa, você está dizendo a mesma coisa que o rei do salmo que compartilhamos: que o seu desejo e o seu amor são e serão apenas para ela.

(O pastor entrega a aliança ao noivo para que este a coloque no dedo da noiva.)

MINISTRO (dirigindo-se à noiva): .... (nome da noiva), ao colocar esta aliança na mão do seu marido, você está dizendo a mesma coisa que a princesa do salmo que compartilhamos: que a sua vida, de agora em diante, pertence somente a ele.

(O pastor entrega a aliança à noiva para que ela a coloque no dedo do noivo.)

- Declaração oficial

MINISTRO: Pois bem, amados .... e .... (nomes dos noivos), vocês confirmaram as suas promessas de fidelidade mútua perante Deus na presença destas testemunhas. Sabemos que vocês contraíram matrimônio civil perante as autoridades do nosso país e desejam consagrar a casa de vocês ao Senhor hoje e todos os dias. Como ministro do evangelho e autorizado por esta igreja, eu os declaro marido e mulher para sempre.

- Bênção
- Oração

MINISTRO: Senhor, no teu nome pronunciamos uma palavra de bênção sobre este novo lar e dizemos: .... e .... (nomes dos noivos), o sol nunca se ocultará de vocês nem a lua perderá a luz, porque eu, o Senhor, serei a luz eterna na vida de vocês. Os dias de tristeza vão desaparecer. Os seus filhos serão o meu povo e herdarão a terra para sempre. Serão brotos de uma planta que eu mesmo plantei, uma obra das minhas mãos para mostrar a minha glória. O pequeno virá a ser mil, e o mais jovem, um povo forte. Eu, Jeová, no devido tempo realizarei tudo isso. Porque os meus olhos estão abertos sobre vocês. Porque eu os escolhi e os chamei. Eu sou o refúgio eterno para a vida de vocês. O meu poder será o seu suporte para sempre.

Aliamo-nos ao teu desejo eterno e também os abençoamos com o melhor do céu e da terra, em nome de Jesus. Amém.

- Momento de adoração
- Entrega da Bíblia

MINISTRO: Sei que cada um de vocês possui uma Bíblia, mas agora, como igreja, queremos presenteá-los com uma Bíblia, e o nosso desejo é que vocês a usem juntos, como família, de agora em diante. Nela está toda a sabedoria de Deus para que o lar de vocês seja alicerçado na rocha firme, que não apenas suporte todas as tempestades da vida, como também, a partir de hoje e para sempre, seja plenamente feliz.

- Encerramento da cerimônia

O ministro cumprimenta os noivos.

Os noivos se beijam.

Saída dos noivos e dos cortejos, com música instrumental de fundo.

Os presentes cumprimentam os noivos e seus familiares.

CAPÍTULO 9

CERIMÔNIA DE BÊNÇÃO MATRIMONIAL (3)

No capítulo 7, explicamos com mais detalhes as generalidades e a estrutura básica de uma cerimônia de bênção do casamento. Portanto, o leitor faria bem em revisar esses conceitos. Aqui nos limitaremos a apresentar uma terceira opção de cerimônia, para que o ministro tenha alternativa.

A CERIMÔNIA

- Música instrumental
- Entrada do cortejo e da noiva
- Leitura bíblica: Salmos 115.1,9-15

MINISTRO: Não a nós, SENHOR, nenhuma glória para nós,
mas sim ao teu nome,
por teu amor e por tua fidelidade! [...]
Confie no SENHOR, ó Israel!
Ele é o seu socorro e o seu escudo.
Confiem no SENHOR, sacerdotes!
Ele é o seu socorro e o seu escudo.
Vocês que temem o SENHOR, confiem no SENHOR!
Ele é o seu socorro e o seu escudo.
O SENHOR lembra-se de nós e nos abençoará;
abençoará os israelitas,
abençoará os sacerdotes,
abençoará os que temem o SENHOR,
do menor ao maior.
Que o SENHOR os multiplique,
vocês e os seus filhos.
Sejam vocês abençoados pelo SENHOR,
que fez os céus e a terra.

- Oração

MINISTRO: Sim, Senhor, de fato o teu reinado é eterno. Tu és o Rei dos reis e Senhor dos senhores. A tua soberania é para todo o sempre. Desejamos esta noite que a tua pessoa, Pai celestial, seja glorificada em todas as coisas. Que a tua pessoa, amado Jesus Cristo, seja entronizada a cada momento. Que a tua pessoa, Espírito Santo, nos guie e controle em todos os momentos.

Senhor, justamente por reconhecer a tua soberania e o teu domínio sobre todas as coisas e sobre a nossa vida, e por saber que reinas sobre a vida de .... (nome do noivo) e .... (nome da noiva), é que estamos diante de ti suplicando a tua bênção sobre eles e sobre o novo lar que constituirão. Fazemos isso na certeza de que não só o teu reinado é eterno, mas também a tua misericórdia. O amor que une hoje .... (nome do noivo) e .... (nome da noiva) provém de ti, porque tu és Amor, com inicial maiúscula. Então, Senhor, assim como te derramaste em amor sobre eles, agora pedimos que derrames a tua bênção sobre o lar deste casal.

Tu és digno, Rei da glória, de toda a honra e de todo o louvor para todo o sempre. Amém.

- Momento de adoração
- Mensagem

MINISTRO: Leiamos Eclesiastes 4.9-12:

> É melhor ter companhia do que estar sozinho,
> porque maior é a recompensa do trabalho de duas pessoas.
> Se um cair,
> o amigo pode ajudá-lo a levantar-se.
> Mas pobre do homem que cai
> e não tem quem o ajude a levantar-se!
> E, se dois dormirem juntos, vão manter-se aquecidos.
> Como, porém, manter-se aquecido sozinho?
> Um homem sozinho pode ser vencido,
> mas dois conseguem defender-se.
> Um cordão de três dobras não se rompe com facilidade.

Queridos .... (nome do noivo) e .... (nome da noiva), o momento tão esperado chegou. Ambos estão bonitos, e o desejo do nosso coração é que o Senhor abençoe a vida de vocês e que sejam um casal feliz pelo resto dos seus dias.

Vocês estão aqui porque, em virtude do amor que têm um pelo outro, decidiram não mais viver sós, e sim como um casal.

É uma decisão muito boa e muito sábia. A Bíblia diz que Deus, depois de ter criado tudo e de constatar que tudo era bom ou muito bom, percebeu que faltava algo e disse: "Não é bom que o homem esteja só". Então, ele criou a mulher, e o primeiro casal foi formado.

No texto que acabamos de ler, somos informados de que é melhor serem dois do que um. De fato, vocês começarão a viver a partir de hoje algo muito melhor que tudo que experimentaram até agora. Homens e mulheres encontram realização emocional, psicológica e espiritual quando deixam a solidão e formam um casal. Ninguém está completo como ser humano até ter vivido de modo permanente a experiência de amar e ser amado.

Quando o casamento funciona de forma harmoniosa, ocorre uma sinergia no plano da realização pessoal, uma potencialização das condições, das possibilidades e dos recursos de cada um.

Vocês estão realmente dando um passo que não apenas é transcendente, mas também muito sábio. É melhor serem dois do que um.

Vocês foram criados em uma sociedade que promove a independência. As circunstâncias, as situações e as próprias decisões levam as pessoas a viver com muita independência.

Agora, porém, tomaram a decisão de viver juntos, de se casar, de formar um casal. No entanto, quando alguém se acostuma com a independência, o perigo de ele se casar é viver sob o mesmo teto com outra pessoa, mas continuar a ser mentalmente independente.

Portanto, vocês precisam estar cientes de que hoje começam a reaprender a vida. Vocês precisam reaprender a viver, reaprender a pensar, reaprender a agir.

Nesse processo de mudança, eu diria que existem vários níveis, que vão desde o mais simples até o mais complexo.

O primeiro nível é aquele que começa esta noite, ou seja, deixar de viver sozinho para viver com alguém. Isso significa dividir espaços físicos e compartilhar objetos, coisas materiais. Os norte-americanos registram como motivos para o divórcio até brigas provocadas pela forma de apertar o tubo da pasta de dente. Embora se reconheça que com pessoas obsessivas esse tipo de situação possa acontecer, a verdade é que a adaptação nesse primeiro nível é relativamente simples.

Há um segundo nível nessa etapa da independência para o casamento, que é passar dos hábitos solitários para a prática da convivência. Vocês já não poderão mais gerenciar os seus horários como se ainda estivessem sozinhos. Não poderão mais tomar decisões unilaterais. Infelizmente, muitos pretendem ser felizes no casamento sem entender isso. Em alguns casamentos, um dos cônjuges decide e simplesmente comunica a decisão. Em outros, fazem distinção entre "o seu dinheiro" e "o meu dinheiro". Eles estão sob o mesmo teto, mas continuam a viver de forma independente.

Há um terceiro nível, bem mais complexo, que é sair da concha para a vulnerabilidade. O custo disso é mais alto. Quem vive de forma independente tende a resolver os problemas sozinho. As questões íntimas são tratadas com Deus e com o travesseiro. No sofrimento, ele se fecha e molda uma casca grossa e dura em torno de si para não sofrer mais. No entanto, vocês estão tomando a decisão de ir para outro nível, o da vulnerabilidade. Resolveram quebrar a casca e se abrir um para o outro, e isso é custoso e arriscado. Significa ter a ousadia de se mostrar como são, de expor as próprias feridas, sob o risco de se desiludirem e, assim, de voltar a sofrer. É impossível, contudo, amar e ser amado sem correr esse risco.

Há um quarto nível, ainda mais difícil, que é passar da projeção pessoal para a projeção compartilhada. Há homens e mulheres que se casam, mas a vida deles continua girando em torno de projetos pessoais e sonhos individuais, dos quais o outro não participa.

Como esses projetos e sonhos não são meros desejos, mas o eixo da vida de todos, cada um vive em uma órbita diferente. Eles têm visões de vida diferentes, e duas visões é divisão. Eles alimentam expectativas que o outro desconhece. Os esforços são concentrados em objetivos distintos. Cada um vai para um lado. Eles estão juntos, mas o jugo é desigual. É como colocar dois animais de tamanhos diferentes sob o mesmo jugo. Eles estão unidos sob o jugo do casamento, mas com uma disposição desigual.

Eu diria que existe ainda um quinto nível. Eu o chamaria "verdadeira conversão": é quando a busca pela autorrealização é abandonada para promover a realização do ente querido.

Querido .... (nome do noivo), hoje termina a sua busca pela felicidade. Hoje começa o seu esforço para fazer .... (nome da noiva) feliz. Você também, ... (nome da noiva). Se quiser que o seu casamento seja feliz, o seu papel não é, em primeiro lugar, buscar ser feliz, cumprir as suas expectativas ou realizar os seus sonhos. Esta será a tarefa de .... (nome do noivo). A sua tarefa é fazê-lo feliz, conhecer as expectativas dele e satisfazê-las ou ajudá-lo a realizá-las. Este é o nível da descentralização. Na realidade, não será um casamento enquanto não chegar a esse ponto.

Então, vocês, queridos .... (nome do noivo) e .... (nome da noiva), devem transitar por esses níveis e superar a independência.

A Bíblia sempre fala de liberdade, nunca de independência. A palavra "liberdade" tem a forte conotação positiva de não estar mais sob escravidão. A palavra "independência" tem a conotação negativa de autossuficiência, de um não precisar do outro.

No casamento, quando consciente ou inconscientemente tentamos ser independentes em alguma área, deixamos de ser livres e nos tornamos escravos da mais sutil e letal das servidões, que é o egoísmo. O resultado é que condenamos o casamento à infelicidade.

"Eu tenho os meus projetos, e ela tem os dela"; "Desde que eu faça o que gosto, ele pode fazer o que quiser"; "Eu cuido do meu dinheiro, e você cuida do seu". São expressões que ouvimos todos os dias e fazem parte da "sabedoria" do nosso tempo — uma sabedoria que a Bíblia classifica como terrena, animal e demoníaca.

É terrena porque, infelizmente, muitos vivem assim, porque acabam sugados pelo lar. Têm gravadas na mente as imagens tiradas do modelo dos pais, que acabam se repetindo inconscientemente.

É animal porque segue os critérios de sobrevivência típicos do reino animal: "Procuro o que é meu, o que gosto, o que funciona para mim. O outro pode fazer o que quiser". Cada um dança conforme a própria música.

É demoníaca porque vai contra o plano de felicidade de Deus para o casamento e porque pensar dessa forma resulta em divisão e na separação do casal.

.... (nome da noiva), anule no seu parceiro o engano da independência. .... (nome do noivo), a partir de hoje chega de independência!

É melhor serem dois do que um. A matemática elaborada na Bíblia é um pouco estranha, mas plena de autêntica sabedoria, porque provém de Deus. Na equação divina para a felicidade de vocês, Deus diz: "É melhor ter companhia do que estar sozinho". Ficar só não é bom para o ser humano.

No entanto, uma vez que você decidiu não ficar mais sozinho, deixar de ser apenas um e começar a ser dois, Deus lhe diz: "Agora que você decidiu ser dois, tem de se tornar um. Já não são mais dois, e sim uma só carne". A Palavra de Deus diz:"O homem deixará pai e mãe e se unirá à sua mulher, e os dois se tornarão uma só carne".

Alguém pode deixar pai e mãe fisicamente, mas ainda pode levá-los para qualquer lugar, apenas na mente. Deixar é mais que se afastar fisicamente: é deixar de pensar de forma independente; é abandonar a própria visão de mundo; é deixar o que é meu e seu para construir o que é nosso.

Todos nós pensamos, falamos, decidimos e agimos com base em imagens, mandatos e formas de ver a vida que inconscientemente incorporamos em nós mesmos. Vocês precisam fazer um esforço consciente para não repetir histórias, para decidir livremente o melhor para o casamento de vocês e para deixarem de ser escravos de antigas formas de ver a vida e de sua suposta independência.

A Bíblia diz que é necessário "deixar" e "se unir" para ser uma só carne, uma nova realidade, uma nova entidade, uma nova identidade. Não repitam histórias; construam a história de vocês, comecem a ser um!

Quando parece que começamos a entender a matemática de Deus, o Senhor acrescenta um terceiro elemento à equação: "Um homem sozinho pode ser vencido, mas dois conseguem defender-se. Um cordão de três dobras não se rompe com facilidade".

Um só é inútil porque acaba sozinho. Dois é um pouco melhor, mas há o risco da escravidão da independência. O lar feliz, de acordo com Deus, traz o número três: .... (nome do noivo), ... (nome da noiva) e Jesus Cristo.

Vocês dois já comprovaram, por experiência, que só em Cristo Jesus há vida, e vida abundante.

Quando tentamos viver independentes de Deus, perdemos a liberdade com a qual ele nos criou. Tornamo-nos escravos de um vazio interior, porque não encontramos plena satisfação em nada. As coisas que nos dão prazer são fugazes e nos escapam por entre os dedos, e os bons momentos são fugazes. Na nossa autossuficiência, acreditamos que é possível viver sem a intervenção de Deus na nossa vida diária, sem a consciência de que fomos criados por ele, mas a verdade é que também fomos criados para ele. Assim, a menos que a nossa vida tenha intimidade com Deus, experimentaremos por toda a vida esse vazio existencial. Nada, por melhor que seja, conseguirá nos consolar, preencher ou satisfazer. Permaneceremos vazios, porque esse vácuo tem a forma de Deus, e só ele pode preenchê-lo.

Quando tentamos viver independentes de Deus, tornamo-nos escravos do ter, porque queremos preencher essa insatisfação de ser com bens, buscando sempre ter mais. Ficamos obcecados em possuir mais e assim chegamos à triste conclusão de que temos, mas não somos. Não somos felizes, não nos sentimos realizados.

Quando tentamos viver independentes de Deus, tornamo-nos escravos da angústia e seus derivados — depressão, medo, vícios, estresse, e assim por diante. Porque só Jesus Cristo pode nos dar a verdadeira paz. Ele disse: "Deixo a paz a vocês; a minha paz dou a vocês. Não a dou como o mundo a dá". Nada neste mundo pode dar a vocês a paz real.

Vivemos desejando ser felizes sem consegui-lo, e isso nos angustia. Vivemos com medo, temores e fobias e ficamos angustiados. No entanto, quando temos Cristo, não uma religião, a vida abundante e a felicidade deixam de ser aspirações e se tornam uma realidade para toda a nossa vida.

Vocês dois são testemunhos vivos de que isso é verdade, porque têm vivido essa realidade. Tenho certeza de que ambos desejam ardentemente que os seus amigos e entes queridos que hoje os acompanham possam conhecer Cristo e experimentá-lo de forma pessoal.

Da mesma forma, desejamos que vocês, que já viveram individualmente, agora vivam como casal. Que Jesus Cristo seja o Senhor do lar de vocês. Porque o "cordão de três dobras não se rompe com facilidade".

As circunstâncias da vida, as dificuldades, a rotina e o Diabo desejarão romper esta união. No entanto, se o cordão tiver três dobras, se não forem vocês dois sozinhos, se permitirem que Cristo seja o Senhor do lar, nada nem ninguém será capaz de prejudicar esse amor.

.... (nome do noivo), assegure-se do amor que os une amarrando-o com um cordão de três dobras, ou seja, tornando Cristo o dono do lar de vocês.

.... (nome da noiva), haverá momentos em que as ideias parecerão inconciliáveis. Será o tempo de amarrar as duas partes e aproximá-las com o cordão de três dobras, a corda do amor do grande Mediador.

Não deixem Cristo fora do centro do lar de vocês. Não caiam na armadilha da independência. Convidem Jesus todos os dias a ser o Senhor da vida e do casamento de vocês, e aquilo que vieram pedir hoje, a bênção de Deus sobre o seu lar, será uma realidade permanente. Que assim seja!

- Votos dos noivos

MINISTRO (dirigindo-se ao casal): Vocês agora irão responder às nossas perguntas para certificar diante de Deus e das testemunhas que hoje os acompanham o propósito de se unirem em matrimônio.
MINISTRO (dirigindo-se ao noivo): .... (nome do noivo), você confirma diante de Deus e de nós ter aceitado .... (nome da noiva) perante as autoridades civis da nossa nação como sua legítima esposa?

NOIVO: Sim, confirmo.

MINISTRO (dirigindo-se ao noivo): .... (nome do noivo), você promete amá-la, honrá-la e ajudá-la espiritual e materialmente e dividir com ela momentos felizes e tristes, de saúde e de doença, de prosperidade e de necessidade, durante todo o tempo que Deus lhes conceder como marido e mulher?

NOIVO: Sim, prometo.

MINISTRO (dirigindo-se à noiva): .... (nome da noiva), você confirma diante de Deus e de nós ter aceitado .... (nome do noivo) perante as autoridades civis da nossa nação como seu legítimo esposo?

NOIVA: Sim, confirmo.

MINISTRO (dirigindo-se à noiva): .... (nome da noiva), você promete amá-lo, honrá-lo e ajudá-lo espiritual e materialmente e dividir com ele momentos felizes e tristes, de saúde e de doença, de prosperidade e de necessidade, durante todo o tempo que Deus lhes conceder como marido e mulher?

NOIVA: Sim, prometo.

- Entrega das alianças

MINISTRO (dirigindo-se ao casal): Os anéis foram usados em muitas culturas e ao longo do tempo para selar acordos importantes. O selo é uma marca de pertencimento. De agora em diante, vocês usarão estes anéis (ou alianças) para declarar a todos que pertencem exclusivamente um ao outro.

MINISTRO (dirigindo-se ao noivo): .... (nome do noivo), ao colocar esta aliança na mão da sua esposa, você está dizendo que agora acabou a sua independência e que agora está absolutamente ligado por amor à sua amada.

(O pastor entrega a aliança ao noivo para que este a coloque no dedo da noiva.)

MINISTRO (dirigindo-se à noiva): .... (nome da noiva), ao colocar esta aliança na mão do seu marido, você está dizendo que, de agora em diante, acabou "o meu e o seu" e começou a sinergia do "nosso".

(O pastor entrega a aliança à noiva para que ela a coloque no dedo do noivo.)

- Declaração oficial

MINISTRO: Pois bem, amados .... e .... (nomes dos noivos), vocês confirmaram as suas promessas de fidelidade mútua perante Deus na presença destas testemunhas. Sabemos que vocês contraíram matrimônio civil perante as autoridades do nosso país e desejam consagrar a casa de vocês ao Senhor hoje e todos os dias. Como ministro do evangelho e autorizado por esta igreja, eu os declaro marido e mulher para sempre.

- Bênção

MINISTRO: Pai celestial, oramos para que, como Josué, ... (nome do noivo) declare todos os dias: "Eu e a minha família serviremos ao SENHOR".

Senhor, que .... (nome da noiva) seja a ajudadora idônea de que seu marido precisa, levantando-o, incentivando-o e instando-o a ser um homem pleno de Deus e de progresso em todas as coisas.

Nós os abençoamos com filhos saudáveis, bonitos, inteligentes e, acima de tudo, que conheçam Cristo e o sirvam.

Que .... e .... (nomes dos noivos) tenham zelo e amor por ti, Senhor. Que sejas o centro do lar deles, e então sempre lhes darás vitória sobre os inimigos.

> "O SENHOR te abençoe e te guarde; o SENHOR faça resplandecer o seu rosto sobre ti e te conceda graça; o SENHOR volte para ti o seu rosto e te dê paz."

- Entrega da Bíblia

MINISTRO: A Bíblia é a Palavra de Deus. Ela é uma lâmpada para os pés de vocês e uma luz para o seu caminho. Jamais lhes ocorra viver esta aventura amorosa de convivência sem conhecer e obedecer aos princípios da Palavra. Agindo assim, vocês colherão na vida os frutos que a própria Palavra de Deus declara serem destinados aos que nela confiam. Por isso, como igreja, queremos presenteá-los com uma Bíblia, que servirá de alicerce para este novo lar e de luz para guiá-los a partir de hoje e para sempre.

- Encerramento da cerimônia

O ministro cumprimenta os noivos.
Os noivos se beijam.
Saída dos noivos e dos cortejos, com música instrumental de fundo.
Os presentes cumprimentam os noivos e seus familiares.

CAPÍTULO 10

CERIMÔNIA DE BÊNÇÃO MATRIMONIAL (4)

No capítulo 7, explicamos com mais detalhes as generalidades e a estrutura básica de uma cerimônia de bênção matrimonial. Portanto, o leitor fará bem em relembrar esses conceitos. Aqui nos limitaremos a apresentar uma quarta opção de cerimônia, para que o ministro tenha alternativa.

A CERIMÔNIA

- Música instrumental
- Entrada do cortejo e da noiva
- Ministro
- Leitura bíblica

MINISTRO: A Palavra de Deus diz:

"Deem graças ao Senhor,
clamem pelo seu nome,
divulguem entre as nações o que ele tem feito.
Cantem para ele, louvem-no;
contem todos os seus atos maravilhosos.
Gloriem-se no seu santo nome;
alegre-se o coração dos que buscam o Senhor.
Olhem para o Senhor
e para a sua força; busquem sempre a sua face. [...]
Cantem ao Senhor, todas as terras!
Proclamem a sua salvação dia após dia!
Anunciem a sua glória entre as nações,
seus feitos maravilhosos
entre todos os povos!

Pois o SENHOR é grande
e muitíssimo digno de louvor [...].
Deem ao SENHOR,
ó famílias das nações, deem ao SENHOR glória e força!
Deem ao SENHOR
a glória devida ao seu nome [...]
e diga-se entre as nações: 'O SENHOR reina!' [...]
Rendam graças ao SENHOR,
pois ele é bom; o seu amor dura para sempre. [...]
Bendito seja o SENHOR,
o Deus de Israel, de eternidade a eternidade".

- Oração

MINISTRO: Louvamos o teu nome, Senhor nosso. Damos a ti a glória e a honra que só tu mereces. Bendizemos o teu nome para sempre porque tu és bom e infinita é a tua misericórdia. Escuta, ó Deus, a nossa oração e atende à nossa súplica. Tu és grande e fazes grandes maravilhas. Protege agora os teus servos .... e .... (nomes dos noivos), que se apresentam diante de ti para pedir nesta tarde/nesta noite que abençoes este novo lar. Enche-os de alegria, porque eles confiam em ti. Ensina-lhes os teus caminhos para que te sigam fielmente. Juntos, prostramo-nos diante da tua presença e honramos o teu nome. Invocamos o teu nome porque temos a certeza da tua presença sempre pronta para abençoar. Por isso, te louvamos e te daremos glória para sempre. Em nome de Jesus. Amém.

- Momento de adoração
- Mensagem

MINISTRO: O desejo de todos nós aqui, queridos .... (nome do noivo) e .... (nome da noiva), é que vocês podem ter um casamento cheio de felicidade, no qual o amor, a fidelidade e a constância sejam uma realidade palpável, visível. Pensar em um casal feliz, unido, amoroso e fiel para toda a vida hoje é quase pensar em um milagre. No entanto, esta tarde/esta noite vamos orar para que esse milagre se torne realidade na vida de vocês. Deus vai fazer isso. Também queremos ver, à luz da Palavra de Deus, o que vocês devem fazer para que o milagre aconteça.

A Bíblia informa que o primeiro milagre realizado por Jesus foi precisamente em uma festa de casamento, nas bodas de Caná da Galileia. Diz o relato bíblico:

> No terceiro dia houve um casamento em Caná da Galileia. A mãe de Jesus estava ali; Jesus e seus discípulos também haviam sido convidados para o casamento. Tendo acabado o vinho, a mãe de Jesus lhe disse: "Eles não têm mais vinho".
>
> Respondeu Jesus: "Que temos nós em comum, mulher? A minha hora ainda não chegou".
>
> Sua mãe disse aos serviçais: "Façam tudo o que ele mandar".
>
> Ali perto havia seis potes de pedra, do tipo usado pelos judeus para as purificações cerimoniais; em cada pote cabiam entre oitenta e cento e vinte litros.
>
> Disse Jesus aos serviçais: "Encham os potes com água". E os encheram até a borda.
>
> Então lhes disse: "Agora, levem um pouco ao encarregado da festa". Eles assim fizeram, e o encarregado da festa provou a água que fora transformada em vinho, sem saber de onde este viera, embora o soubessem os serviçais que haviam tirado a água. Então chamou o noivo e disse: "Todos servem primeiro o melhor vinho e, depois que os convidados já beberam bastante, o vinho inferior é servido; mas você guardou o melhor até agora".
>
> Este sinal milagroso, em Caná da Galileia, foi o primeiro que Jesus realizou. Revelou assim a sua glória, e os seus discípulos creram nele.

A primeira coisa que o texto diz é que o casal convidou Jesus. Para que haja um milagre de felicidade no casamento, é essencial, imprescindível, que vocês convidem Jesus para entrar na casa de vocês. Cada um de vocês um dia o convidou a entrar em seu coração e experimentou o milagre de começar a viver uma vida plena.

Esse fato, que é uma realidade na vida pessoal de vocês, também deve se tornar realidade no lar de vocês de agora em diante. No entanto, lembrem-se: Jesus só aparece onde é convidado. Que ele seja um convidado de honra e permanente no lar de vocês.

Porque Jesus faz a diferença quando está presente. Diz o relato que o vinho acabou no meio da festa. Convém esclarecer que na cultura da época a falta de vinho em um casamento era humilhante para uma família judia, porque o vinho representava abundância, plenitude, alegria. A falta de vinho na festa era um mau presságio, quase um sinal de que a alegria e a realização estariam ausentes naquele casamento.

Foi por isso que Maria, mãe de Jesus, lhe pediu que fizesse alguma coisa. Então, Jesus realizou o primeiro milagre de seu ministério: a transformação de água em vinho. O encarregado da festa disse ao noivo que o segundo vinho, o do milagre de Jesus, era melhor que o primeiro.

Quero dizer-lhes que haverá momentos em que irá faltar vinho no casamento. O que está por vir não é um mar de rosas. A vida de casado é maravilhosa, mas nem tudo é alegria e sucesso. Vocês irão enfrentar dificuldades, problemas e crises. Haverá momentos, até mesmo no relacionamento de vocês, em que o vinho da alegria, da satisfação e da abundância irá faltar. É quando a maioria dos casais começa a dizer: "Acabou o amor"; "Já não sinto mais aquele amor"; "O meu sentimento se foi"; "É melhor terminarmos aqui".

O casal se esforça para salvar a situação, por amor dos filhos ou para honrar os anos em que viveram juntos, mas os esforços não bastam, e o casamento desmorona. Porque ele e ela lutaram sozinhos. Quando, porém, Jesus está por perto, ele faz toda a diferença. Quando se esgota o vinho da alegria, da satisfação e da abundância e parece ter restado apenas a água insípida da rotina e do costume, é que Jesus, caso tenha sido convidado pelo casal, fará a diferença.

Então, acontece o milagre da conversão da água em vinho. Da rotina em abundância; dos hábitos em plenitude; do desgaste em harmonia; da insatisfação em alegria. Ele opera o milagre da restauração conjugal. Semana após semana, casais destruídos vêm a Jesus e são restaurados. Casamentos que dizem: "Isto não tem solução" terminam experimentando que o segundo vinho, o do milagre, é melhor que o primeiro. De repente, o amor vai amadurecendo em importância, profundidade e sabor que não existiam no começo do casamento. Porque onde Jesus está, ele faz a diferença.

Portanto, para que o milagre da felicidade na casa de vocês seja uma realidade, vocês devem, em primeiro lugar, convidar Jesus para morar nela. Em segundo lugar, vocês precisam entender que Jesus não fará nenhum milagre ou mágica. Muitos concebem o cristianismo sob uma aura de magia: "Senhor, faz aparecer vinho", ou: "Se fizeres aparecer vinho, mais tarde farei isto ou aquilo". Isso é magia, não um milagre cristão.

Jesus não fez o vinho aparecer: ele transformou água em vinho. O milagre sempre requer a nossa participação. É a ação milagrosa de Deus sobre a base da nossa participação. Jesus ordenou que enchessem com água os seis potes usados no rito judaico de purificação e mandou que fossem cheios completamente. Os seis potes equivaliam a 700 litros de água. Convém lembrar que na época não existiam torneiras nem mangueiras. Os 700 litros de água tiveram de ser retirados de um poço com muito trabalho e suor.

Para que Jesus realize o milagre da felicidade no casamento, é preciso que vocês ponham a água nos potes. "Então", dirá Jesus, "vou transformar em vinho a água do esforço de vocês".

Se vocês esperam que a felicidade entre na vida de vocês, que a felicidade bata à porta da sua casa e que o destino lhes sorria, então estão esperando por um passe de mágica. É preciso que vocês coloquem água nos potes para que Jesus a transforme em vinho. Foi por isso que Maria disse aos encarregados da festa: "Façam tudo o que ele mandar". .... (nome do noivo) e .... (nome da noiva), vocês precisam fazer o que Jesus manda. Se o fizerem, estarão enchendo os potes com água, e só então ele poderá transformar a água do esforço de vocês em vinho, em plena felicidade.

O que o Senhor está ordenando a vocês? .... (nome do noivo), o Senhor ordena que você ame .... (nome da noiva) da mesma forma que Jesus amou a igreja e se entregou por ela. Ou seja, o desafio para você como homem é amar a sua esposa com o amor de Deus, de modo que quem olhe para você saiba que está apaixonado. No entanto, para isso é preciso passar do nível da paixão para entrar no nível do amor, tal como Deus ama.

Um casal maduro começa a amar com o amor de Deus. O amor de Deus não é o amor egoísta de muitas pessoas, que vivem fazendo exigências, de tal modo que, quando o outro não lhe dá o que precisam, o que solicitam ou o que querem, o amor acaba.

O amor de Deus também não é o das projeções de ideais. Quando nos apaixonamos por alguém, não nos apaixonamos de fato por quem essa pessoa é, mas por ser como a imaginávamos, ou seja, porque corresponde ou se assemelha ao nosso ideal. Na verdade, não estamos apaixonados pela pessoa, mas pelo nosso ideal, que vemos realizado nela.

Isso é chamado "projeção". A paixão, o deslumbramento inicial, atrapalha o nosso discernimento. Não temos condições de ser objetivos. É a famosa paixão à primeira vista. Essa paixão é cega, mas com o passar do tempo vamos colocando as lentes da realidade proporcionadas pela convivência. Ele passa a enxergá-la em todos os seus aspectos, e ela começa a distinguir todo o ser dele. Assim acabam descobrindo que o outro não corresponde exatamente ao ideal imaginado, e então a crise se instala.

O amor de Deus não é o amor irresponsável que tantos adotam. Em um relacionamento, tornamo-nos vulneráveis ao nosso parceiro. Os sistemas de autodefesa são desativados, e nos mostramos como de fato somos. O outro passa a nos enxergar com os óculos da realidade, e assim ficamos expostos, desprotegidos. Se o casal permanecer no nível da paixão, essa vulnerabilidade dará motivo à exploração e ao sofrimento do outro. Sabemos onde é que dói no outro e concentramos o ataque exatamente aí para ganhar uma discussão, uma posição, ou para obter uma vantagem. Descobrimos como manipular o outro e o fazemos. O resultado é um desgaste inevitável que acaba destruindo o casal.

.... (nome do noivo), você tem de amar a sua esposa como Cristo amou você. Um amor descentralizado, ou seja, que pensa no outro, que vive para o outro e que se pergunta constantemente: "Como posso fazer a minha parceira feliz?".

Amar como Deus ama significa simplesmente se render. Quando Deus teve de expressar seu amor por nós, não nos enviou um poema, nem um pote de mel, nem uma chuva de pétalas de rosas. Para mostrar que nos amava, ele se entregou por nós, a ponto de morrer no lugar de cada um de nós na cruz.

.... (nome do noivo), que Deus o encha do amor dele, para que você ame .... (nome da noiva), doando-se todos os dias por ela, pensando nela e fazendo-a feliz em todos os momentos. O amor de Deus supera as nossas projeções. E é assim que vocês devem se amar, porque o verdadeiro amor supera qualquer projeção. Você só poderá amar se amar a pessoa como ela é, em todos os aspectos, com suas qualidades e defeitos. Amar é isto: aceitar o outro como ele é. Não tente mudar isso. Amar tudo o que o outro é. Ser amado é poder ser o que a pessoa é, sem necessidade de fingir. É saber que o outro nos aceita como somos e que nos ama sem reservas.

.... (nome da noiva), você também terá de encher os vasos para que Deus os transforme em vinho. Você também terá de fazer o que o Senhor lhe ordena. O Senhor lhe diz que você precisa ser uma ajudadora de .... (nome do noivo), e a maneira de sê-lo é também amá-lo como Deus amou você. O amor de Deus é um amor que cura. Você deve valorizar bastante essa faceta do amor de Deus e poderá imitá-la amando .... (nome do noivo) dessa forma.

Sem dúvida, o amor de Deus é curador. Ninguém nos conhece tão intimamente quanto ele. Deus não tira proveito das nossas fraquezas nem das feridas do passado para nos manipular, para se impor, para nos fazer sofrer mais ou para negociar seu amor por nós. Ao definir Deus, a Bíblia diz: "Deus é amor". Ele nos ama de tal maneira que nos dá liberdade absoluta, até mesmo para rejeitá-lo. Ele nos ama de tal maneira que usa o conhecimento perfeito que tem da nossa vida para nos aperfeiçoar e curar. Com cordas de amor, ele nos atrai para si a fim de curar o nosso passado, nos dar sentido no presente e nos projetar para um futuro seguro, feliz e eterno.

.... (nome da noiva), ame .... (nome do noivo) com esse amor. Seja uma ajudadora idônea para ele com um amor curador, que faça desenvolver todo o potencial de .... (nome do noivo). Ame-o de tal forma que ele se sinta valorizado, importante e digno. Deus deu a ele muitas habilidades, talentos e dons. Você tem de ajudá-lo a crer que foram dados por Deus e a desenvolver todo o seu potencial. Ame-o incondicionalmente. Deixe-o saber que ele não precisa fazer nada nem mudar em nada para que você o ame. As coisas que devem mudar não são para que você o ame, mas porque você o ama e, acima de tudo, porque Deus o ama. Que ele nunca tenha medo de perder o seu amor, assim como você sabe que nada nem ninguém pode separar você do amor de Deus

Se os potes estiverem cheios com a água do esforço de cada um, Deus a transformará em vinho.

Para que isso se torne realidade, para que o milagre da felicidade conjugal se consolide, não se pode deixar de convidar Jesus. Lembre-se de que ele não aparece onde não é convidado. E querem saber de uma coisa? Jesus também nos convida para um casamento. Em um de seus ensinamentos, ele diz:

"O Reino dos céus é como um rei que preparou um banquete de casamento para seu filho. Enviou seus servos aos que tinham sido convidados para o banquete, dizendo-lhes que viessem; mas eles não quiseram vir.

De novo enviou outros servos e disse: 'Digam aos que foram convidados que preparei meu banquete: meus bois e meus novilhos gordos foram abatidos, e tudo está preparado. Venham para o banquete de casamento!'

Mas eles não lhes deram atenção e saíram, um para o seu campo, outro para os seus negócios. Os restantes, agarrando os servos, maltrataram-nos e os mataram".

Deus convida todos nós para a festa do Filho, Jesus. Para fazer da nossa vida uma festa com Jesus no nosso interior. Deus nos faz esse convite repetidamente. Talvez muitos dos que estão aqui hoje já ouviram em várias ocasiões, por parte dos servos de Deus, este convite: "Deus está chamando você para entregar a sua vida a Jesus e ter uma festa permanente no coração". Quem sabe, repetidas vezes, tenham rejeitado o convite por causa dos negócios ou de algum projeto, por acreditar que encontrariam neles a paz e a felicidade, mas até agora não se sentem realizados. Também hoje, mais uma vez, estendo a vocês o convite de Deus: entreguem-se a Jesus Cristo, e esse vazio interior, que tantas vezes vocês tentaram preencher de diversas maneiras sem êxito, será preenchido com a presença de Deus, e a vida de vocês será uma festa.

.... (nome do noivo) e .... (nome da noiva), Jesus já fez isso na vida de vocês e agora quer fazer na sua casa. Convidem-no, e haverá uma festa, haverá vinho e haverá alegria e realização. Que Deus os abençoe muito. Amém.

- Votos dos noivos

MINISTRO (dirigindo-se ao casal): Deus conhece o coração de vocês, e diante dele a única coisa que conta é um coração sincero. Vocês agora irão responder às nossas perguntas para certificar diante de Deus e das testemunhas que hoje os acompanham o propósito de se unirem em matrimônio.

MINISTRO (dirigindo-se ao noivo): .... (nome do noivo), você confirma diante de Deus e de nós ter aceitado .... (nome da noiva) perante as autoridades civis da nossa nação como sua legítima esposa?

NOIVO: Sim, confirmo.

MINISTRO (dirigindo-se ao noivo): .... (nome do noivo), você promete amá-la, honrá-la e ajudá-la espiritual e materialmente e dividir com ela momentos felizes e tristes, de saúde e de doença, de prosperidade e de necessidade, durante todo o tempo que Deus lhes conceder como marido e mulher?

NOIVO: Sim, prometo.

MINISTRO (dirigindo-se à noiva): .... (nome da noiva), você confirma diante de Deus e de nós ter aceitado .... (nome do noivo) perante as autoridades civis da nossa nação como seu legítimo esposo?

NOIVA: Sim, confirmo.

MINISTRO (dirigindo-se à noiva): .... (nome da noiva), você promete amá-lo, honrá-lo e ajudá-lo espiritual e materialmente e dividir com ele momentos felizes e tristes, de saúde e de doença, de prosperidade e de necessidade, durante todo o tempo que Deus lhes conceder como marido e mulher?

NOIVA: Sim, prometo.

- Entrega das alianças

MINISTRO (dirigindo-se ao casal): Vocês perceberam que são dois anéis, não apenas um? Na Antiguidade, o anel era um símbolo do poder de quem o usava. No entanto, dois anéis são um símbolo de amor. É por isso que os chamamos "alianças", porque, ao colocar estes anéis, vocês estabelecem uma aliança, um pacto, entre vocês e também com Deus: a partir de agora, nenhum dos dois tentará exercer poder, controle ou manipulação. Não. Não é apenas um anel. São dois. Vocês dois se uniram em um pacto com Deus e um com o outro no amor e na dedicação.

MINISTRO (dirigindo-se ao noivo): .... (nome do noivo), ao colocar esta aliança na mão da sua esposa você está dizendo a mesma coisa que o rei do salmo que compartilhamos: que o seu desejo e o seu amor são e serão apenas para ela.

(O pastor entrega a aliança ao noivo para
que este a coloque no dedo da noiva.)

MINISTRO (dirigindo-se à noiva): .... (nome da noiva), ao colocar esta aliança na mão do seu marido, você está dizendo a mesma coisa que a princesa do salmo que compartilhamos: que a sua vida, de agora em diante, pertence somente a ele.

(O pastor entrega a aliança à noiva para
que ela a coloque no dedo do noivo.)

- Declaração oficial

MINISTRO: Pois bem, amados .... e .... (nomes dos noivos), vocês confirmaram as suas promessas de fidelidade mútua perante Deus na presença destas testemunhas. Sabemos que vocês contraíram matrimônio civil perante as autoridades do nosso país e desejam consagrar a casa de vocês ao Senhor hoje e todos os dias. Como ministro do evangelho e autorizado por esta igreja, eu os declaro marido e mulher para sempre.

- Bênção
- Oração

MINISTRO: Pai celestial .... e .... (nomes dos noivos) decidiram unir-se e querem nesta tarde/nesta noite pedir a tua bênção sobre eles.

Sabemos que, se Deus não edifica a casa, os que a constroem trabalham em vão. Que em todos os momentos eles submetam a própria vida e vontade a ti.

Sabemos que, a menos que Deus proteja a cidade, em vão vigia a sentinela. É por isso que eles vêm pedir a tua proteção.

Sabemos que o sábio constrói sua casa sobre a rocha, de modo que, quando as chuvas, os ventos e os rios da vida atingirem a casa, encontrem-na edificada sobre a rocha da tua Palavra.

Faz de .... (nome do noivo) um homem sábio, para que, como chefe da casa, conduza a vida de ambos a sempre fazer a tua vontade.

Dê graça a .... (nome da noiva), para que seja verdadeiramente uma companheira e, como tal, se submeta à liderança do marido e o apoie e sustente para que ele seja um bom cristão, um bom marido, um bom pai e um bom líder.

Que a tua misericórdia e a tua graça transbordem e se multipliquem sobre a vida deles de agora em diante e para sempre. Em nome de Jesus. Amém.

- Momento de adoração
- Entrega da Bíblia

MINISTRO: A nossa igreja tem o belo costume de dar uma Bíblia a todo lar recém-constituído. A Bíblia é a Palavra de Deus, ou seja, reflete a perfeita vontade dele para a vida de cada um de vocês e do lar. A Bíblia é o nosso guia de fé e prática, e com a orientação do Espírito Santo vocês aprenderão a viver com sabedoria em todas as áreas da vida e agora na sua família. Em nome da Igreja .... (nome da congregação), entregamos esta Bíblia a este novo lar. Será a Bíblia da família, que vocês devem ler juntos para receber a direção de Deus.

- Encerramento da cerimônia

O ministro cumprimenta os noivos.

Os noivos se beijam.

Saída dos noivos e dos cortejos, com música instrumental de fundo.

Os presentes cumprimentam os noivos e seus familiares.

CAPÍTULO 11

CERIMÔNIA DE RENOVAÇÃO DE VOTOS

Essa cerimônia transmite uma mensagem poderosa às gerações mais jovens. Em um mundo no qual o casamento é pouco valorizado, onde há muitos casais separados e as mensagens de que o amor pela vida é impossível, um casal que deseja renovar seus votos pode comunicar de forma dramatizada uma mensagem mais impactante que a de qualquer sermão.

Esse tipo de cerimônia também pode ser usado em bodas de prata (aniversário de 25 anos de casamento) e em bodas de ouro (aniversário de 50 anos de casamento).

A estrutura da cerimônia é semelhante ao que já apresentamos nos capítulos 7, 8, 9 e 10, quando tratamos das cerimônias de casamento. Para as etapas e detalhes, recomendamos a releitura do capítulo 7.

Em algumas igrejas, todos os anos, há um culto especial para a renovação de votos, e vários casais participam de uma cerimônia coletiva. No entanto, a cerimônia também pode ser exclusiva, a pedido do casal. Seguiremos aqui o formato individual, mas também aplicável a uma cerimônia coletiva.

A CERIMÔNIA

- Música instrumental
- Entrada do cortejo e da noiva
- Leitura bíblica

MINISTRO: A Palavra de Deus diz:

Aclamem o SENHOR

todos os habitantes da terra!

Prestem culto ao Senhor com alegria;
entrem na sua presença
com cânticos alegres.
Reconheçam que o Senhor é o nosso Deus.
Ele nos fez e somos dele:
somos o seu povo,
e rebanho do seu pastoreio.
Entrem por suas portas com ações de graças
e em seus átrios com louvor;
deem-lhe graças e bendigam o seu nome.
Pois o Senhor é bom
e o seu amor leal é eterno;
a sua fidelidade permanece
por todas as gerações.

- Oração

MINISTRO: Senhor, reconhecemos que és Deus, que nos fizeste e que, portanto, pertencemos a ti. Somos o teu povo, somos o teu rebanho e hoje entramos na tua presença com ação de graças e nos apresentamos com louvor. Adoramos o teu nome, porque tens sido bom para este casamento, e a tua misericórdia nunca faltou. Agora os teus servos .... e .... (nomes dos cônjuges) estão diante de ti, agradecidos a ti por estes anos, com a firme determinação de renovar seu mútuo compromisso de amor, de entrega e de fidelidade. Assim como testemunharam a tua fidelidade durante todo esse tempo, hoje vêm buscar a tua bênção mais uma vez, sabendo que os encherás com a tua plenitude. Como diz a tua Palavra, o último vinho será melhor que o primeiro. Invocamos o teu nome porque temos a certeza da tua presença, sempre pronta a abençoar. É por isso que nos apresentamos a ti com alegria e te damos glória para sempre. Em nome de Jesus. Amém.

- Momento de adoração
- Mensagem

MINISTRO: Queridos .... (nome do marido) e .... (nome da esposa), é muito bom para mim poder participar com vocês desta celebração!

Nos dias de hoje, um casamento que dura ...... anos é motivo para celebrar.

Celebramos a fidelidade de Deus a vocês. Celebramos a bela família que souberam formar. Celebramos o fruto de seu amor: a vida de cada um de seus filhos. Celebramos finalmente o fato de que, além de companheiros de vida, são companheiros no serviço ao Senhor. Portanto, há muitos motivos para celebrar hoje.

No entanto, vocês estão aqui conosco não apenas para celebrar, mas para renovar os votos.

Isso tem uma dimensão maior do que a gratidão e a celebração. Em tempos nos quais ninguém quer compromissos, menos ainda o compromisso do casamento para toda a vida, vocês estão proclamando uma mensagem profética muito forte. A Bíblia diz que o caminho mais excelente não é o da conquista, do sucesso ou do ter, mas o do amor.

Vocês estão aqui para fortalecer ainda mais esse amor. Sem dúvida, o amor que vocês nutrem mutuamente hoje é mais maduro, mais completo que o amor que prometeram um ao outro anos atrás. Contudo, esse amor também enfrenta novos desafios.

O primeiro desafio é o da liderança: a Bíblia diz que quem não governa bem a própria casa não pode governar a igreja. Ao renovarem os seus votos, não se esqueçam disso. Ao contrário do que faz a maioria dos líderes cristãos e do que pensa a maioria das pessoas, Deus estabelece primeiro o lar e depois a igreja.

.... (nome do marido), jamais se esqueça de que .... (nome da esposa) vem primeiro, em seguida os filhos e depois a igreja. Isso também se aplica a você, ... (nome da esposa). Quando um líder cristão se casa com a igreja, ele comete um duplo adultério. Ele negligencia não só a esposa, com quem se casou, para privilegiar outra, a igreja, mas também se esquece de que a igreja já tem um marido — Jesus Cristo.

A melhor contribuição que vocês, como líderes, podem dar à igreja é mostrar ao povo um casamento feliz, no qual o cônjuge e os filhos são mais importantes que tudo, porque dessa forma todos os homens e mulheres irão imitar vocês.

Portanto, renovar os votos é determinar que, de agora em diante, Deus sempre estará em primeiro lugar na vida de vocês, depois o cônjuge, em seguida os filhos e só depois a igreja e o ministério.

.... (nome do marido), Jesus é o marido da igreja, não você.

.... (nome da esposa), que o ministério nunca tome o lugar do seu marido ou dos seus filhos.

Amada igreja, ajude os seus líderes a cumprir o mandato bíblico da prioridade do lar. Será bom não só para eles, mas para todos vocês como igreja.

Renovar os votos, agora que se conhecem muito mais que há .... anos, é também combinar que cada um de vocês irá se dedicar ao máximo para que o outro se sinta mais amado, mais cuidado e mais realizado.

.... (nome do marido), o Senhor diz que a sua principal responsabilidade é amar a sua esposa. Que .... (nome da esposa) sempre sinta que depois de Deus ela é o mais importante na sua vida. Que algum detalhe ou um gesto seu a faça sentir quanto você a ama.

.... (nome da esposa), a Bíblia diz que a mulher deve respeitar o marido. Respeito significa apreciação e estima. Que .... (nome do marido) ouça muitas vezes de você que ele vale a pena, que ele é capaz e que você o admira, bem como da estima que você tem por ele.

Assim, ao renovar os seus votos, vocês estão renovando a sua aliança de amor e estima e comemoram o fato de estarem juntos. Por favor, não esperem mais vinte anos para comemorar. Façam da vida cotidiana ocasiões permanentes para celebrar.

Por isso, vamos agora fazer um pacto, para renovar os votos.

- Renovação dos votos matrimoniais

MINISTRO: .... (nome do marido), na presença do Senhor e diante dos que aqui estamos, está disposto a fazer um pacto com Deus e com a sua mulher, de se comprometer a amá-la mais e melhor, a fazer tudo que estiver ao seu alcance para que .... (nome da esposa) se sinta a mulher mais amada?

MARIDO: Sim, estou disposto.

MINISTRO: Você se compromete a cuidar dela, a promovê-la e a fazer tudo que ela precisa para se sentir emocionalmente plena? Você se compromete a ser-lhe fiel, a amá-la com exclusividade e para sempre?

MARIDO: Sim, me comprometo.

MINISTRO: .... (nome do marido), como Cristo amou a igreja e se entregou por ela, ame .... (nome da esposa) e se entregue a ela com todo o seu ser.

MINISTRO: .... (nome da esposa), na presença do Senhor e diante dos que aqui estamos, está disposto a fazer um pacto com Deus e com o seu marido, de se comprometer a amá-lo mais e melhor, a fazer tudo que estiver ao seu alcance para que .... (nome do marido) se sinta o homem mais amado e respeitado?

ESPOSA: Sim, estou disposta e me comprometo.

MINISTRO: Você se compromete a cuidar dele, a apoiá-lo como líder, a incentivá-lo, a expressar admiração por ele e a fazer tudo que ele precise para se sentir emocionalmente pleno?

ESPOSA: Sim, me comprometo.

MINISTRO: Você se compromete a ser-lhe fiel, a amá-lo com exclusividade e para sempre?

ESPOSA: Sim, me comprometo.

MINISTRO: .... (nome da esposa), assim como a igreja está sujeita a Cristo, apoie sempre o seu marido como cabeça da casa, ame .... (nome do marido) e se entregue a ele com todo o seu ser.

- Troca de alianças

MINISTRO: Em uma cerimônia de casamento, as alianças estabelecem um compromisso, por parte dos noivos, de selar um relacionamento sustentável ao longo do tempo. Vocês já demonstraram consistência com esse compromisso. No entanto, hoje as alianças serão colocadas de volta não só como compromisso, mas como um forte testemunho: aos mais jovens, de que é possível amar para a vida toda; aos que estão passando por uma crise no casamento, de que o amor pode ser renovado, não importa quanto tempo tenha se passado; aos seus descendentes, de que o mais importante para vocês na vida é Deus, de quem provêm todas as bênçãos, e de que o segundo elemento mais importante é o casamento e a família.

.... (nome do marido), colocando este anel na mão da sua esposa .... (nome da esposa) você está dizendo a ela e a todos que o amor é mais forte que a morte e que as muitas águas não conseguirão apagá-lo.

.... (nome da esposa), colocando este anel na mão do seu marido .... (nome do marido), você está dizendo a todos que o seu compromisso de ser a ajuda ideal dele, assumido por você anos atrás, ainda é válido e que o seu amor por ele se renova esta noite e para sempre.

(Os cônjuges colocam a aliança no dedo um do outro.)

- Bênção
- Oração

MINISTRO: Que o Senhor os abençoe e os guarde. Que o Senhor resplandeça seu rosto sobre vocês e lhes dê paz. Que o Senhor encha vocês com seu amor e com sua plenitude. Que o Senhor lhes dê forças nos tempos de dificuldades para que possam superá-las e emergir com graça e fortalecidos. Que o Senhor os faça prosperar em tudo que empreenderem. Que o Senhor atenda aos pedidos do coração de vocês. Que o senhor lhes dê saúde, alegria e abundância. Que o Senhor use vocês para abençoar outros, porque a partir de agora vou abençoá-los duas vezes, diz o Senhor, e vou restaurar tudo em dobro. Porque eu os amei com amor eterno e incondicional e coloquei o mesmo amor em vocês. Abençoo vocês com os melhores anos de vida em comum e que os aproveitem juntos, para sempre. Que possam deixar um legado na vida dos seus filhos — um legado espiritual de pais que amam o Senhor, um legado afetivo de pais que se amam, um legado de segurança por lhes dar o amor, a aprovação e a afirmação de que eles precisam. Em vocês abençoo a vida dos seus filhos e os filhos dos seus filhos por mil gerações. Eu os abençoo com o melhor do céu e da terra. Em nome de Jesus. Amém.

- Momento de adoração
- O ministro cumprimenta os cônjuges.
- Os cônjuges se beijam.
- Saída dos cônjuges e do cortejo, com música instrumental de fundo.
- Os presentes cumprimentam os cônjuges e seus familiares.

CAPÍTULO 12

CERIMÔNIA DE BATISMOS

Um dos atos mais emocionantes e alegres na vida de uma igreja é o culto de batismo. A emoção é marcada por se ver e ouvir o testemunho das pessoas e pelas tremendas mudanças operadas pelo Senhor na vida delas. A felicidade provém do fato de a igreja estar cumprindo de modo correto sua missão, e cada vida que o Senhor adiciona confirma isso.

Uma vez que o *Novo manual do ministro* é interdenominacional, sugerimos essa cerimônia com base no que a maioria das igrejas evangélicas acredita a respeito do batismo. Faremos isso respondendo às perguntas essenciais.

PERGUNTAS

1. O QUE É BATISMO?

É uma das duas ordenanças deixadas pelo Senhor Jesus, com a ceia do Senhor, denominadas "sacramentos" por algumas igrejas. A palavra grega no Novo Testamento é *baptismō*, que significa "imergir", e simboliza a morte para a velha vida sem Cristo e a ressurreição para uma nova vida, governada pelo senhorio de Jesus.

2. COMO PRATICAR O BATISMO?

Uma vez que a palavra significa "imergir" e, conforme o testemunho dos evangelhos, o próprio batismo de Jesus foi realizado em um rio, a forma de batizar é por imersão. Ou seja, não há outra maneira de submergir a pessoa a ser batizada senão imergindo-a. É o que permite significado e visibilidade ao símbolo da morte e ressurreição. Portanto, deve ser realizado em um local onde haja água suficiente para submergir a pessoa.

Nesse aspecto, a maioria das igrejas realiza batismos nos edifícios de sua propriedade que tenham um batistério. As que não possuem esse espaço ou usam instalações alugadas costumam realizar batismos em um rio próximo (quando o tempo permite), na piscina de uma residência ou de um clube, ou mesmo na banheira de uma casa. Em todos os casos, contudo, a pessoa é submergida.

Quando se trata de um idoso ou de um portador de deficiência física, que não pode ser submergido, recomenda-se batizá-lo próximo do batistério ou em um local onde se realizem os demais batismos despejando água na cabeça — com a explicação prévia de que se trata de uma exceção por impossibilidade física.

3. QUEM DEVE SER BATIZADO?

Somente a pessoa que confessa que Jesus Cristo é o Senhor de sua vida e está disposta a segui-lo deve ser batizada. Portanto, deve ser um adulto que crê em Jesus ou uma criança mais velha que teve essa experiência com o Senhor e está ciente da importância dessa decisão. Algumas igrejas evangélicas praticam o batismo de bebês, mas a maioria não segue essa prática, porque não há registro bíblico de batismo de bebês. Todas as evidências bíblicas indicam que as pessoas primeiramente creram e só depois foram batizadas. É óbvio que um bebê não tem a capacidade de crer.

Precisamente por exigir uma experiência de fé e, portanto, de transformação, é costume que, associado ao culto de batismos, cada candidato dê testemunho do que Cristo fez em sua vida.

4. QUAL É O SIGNIFICADO DO BATISMO?

Quando a pessoa é imersa na água, isso simboliza sua morte para a velha vida sem Cristo: a vida de desobediência é sepultada, assim como Deus faz com os pecados (Miqueias 7.19). Quando a pessoa é levantada e sai da água, ela está dizendo com essa dramatização que Jesus Cristo a ressuscitou para uma nova vida (Romanos 6.1-14).

Conforme expressamos na pergunta anterior, só aqueles que têm Jesus como Senhor podem ser batizados. No entanto, agora afirmamos também que todos os que receberam Jesus como

Senhor devem ser batizados. Não é uma opção: é um mandamento. Algumas igrejas fazem separação entre a experiência da fé e o ato do batismo. Entendem que a salvação vem apenas do ato de crer em Cristo e que o crente deve ser batizado como parte de sua obediência ao Senhor depois de crer. Outras apregoam que a experiência da fé é inseparável do batismo, com base em Marcos 16.16: "Quem crer e for batizado será salvo". Contudo, a despeito das abordagens doutrinárias, o batismo é um ato de obediência que *todos* os que confessam Jesus como Senhor devem cumprir.

No entanto, o batismo é também um testemunho público do crente de que Jesus Cristo mudou sua vida e que, desse momento em diante, será seu seguidor e discípulo. Portanto, é uma oportunidade evangelística muito especial: a igreja deve incentivar os que se batizam a convidar os familiares e amigos.

5. O QUE O CANDIDATO AO BATISMO PRECISA SABER?

Há mais de uma resposta a essa pergunta, de acordo com as diferentes abordagens eclesiásticas. Algumas igrejas seguem o modelo de Atos dos Apóstolos, segundo o qual os que criam eram batizados imediatamente. Geralmente, essas igrejas entendem que crer e ser batizado são inseparáveis. Essa crença é o único requisito para o batismo.

Outras igrejas preferem fazer um intervalo entre a decisão de crer em Jesus e o batismo, com o objetivo de preparar o candidato com um curso prévio ao batismo. Em alguns casos, podem se passar meses, nos quais o batizando recebe ensino a respeito da doutrina e do funcionamento da igreja local. Este é principalmente o caso nas igrejas de governo congregacional, que vinculam o batismo à membresia. Ou seja, para ser membro da igreja — e assim ter o direito de participar de seu governo — o candidato deve ter um conhecimento doutrinário e eclesiológico mínimo que o torne apto a assumir tal responsabilidade.

Além disso, entre essas duas posturas extremas há inúmeras nuances de conteúdo e de tempo de preparação. Respeitamos todas essas interpretações, porém ressaltamos que todos devem ter certeza de que o candidato ao batismo se arrependeu de seus pecados, creu em Cristo e entende claramente o passo que está dando.

6. QUAIS SÃO AS INSTRUÇÕES PRÁTICAS QUE O CANDIDATO AO BATISMO DEVE LEVAR EM CONSIDERAÇÃO?

Roupas

Na maioria das igrejas, é tradicional que os batizandos usem uma veste branca. Hoje essa prática está mudando, e em muitas igrejas adotou-se o uso de camisetas com dizeres que afirmam o testemunho dos candidatos ao batismo: "Eu sou de Cristo"; "Jesus Cristo é o meu Senhor" etc. É importante que haja locais perto do batistério onde possam trocar de roupa antes e depois do batismo, separados por sexo, bem como uma equipe de irmãos para atendê-los quando saírem da água, principalmente em locais e épocas de frio.

Aquecimento de água

Muitos templos não possuem um sistema que permita encher o batistério com água quente e mantê-la aquecida durante o batismo. O que geralmente se usa é uma resistência que aquece a água. Nesse caso, várias precauções devem ser tomadas. Primeira: jamais coloque a resistência enquanto houver gente na água. Já houve casos de eletrocussão. Também não deve haver nenhuma conexão elétrica, cabos ou plugues na área do batistério. Segunda: cuidado com a temperatura da água. Deve estar morna. Se estiver muito fria ou muito quente, pode ser prejudicial à saúde. Terceira: os pisos do trajeto do vestiário ao batistério e das escadas que dão acesso ao tanque batismal devem receber tratamentos antiderrapantes, a fim de evitar quedas.

Instruções para a imersão

Há dois tipos principais de prática quanto à forma de imersão. Alguns submergem a pessoa inclinando-a para trás; outros a submergem de forma vertical, com o batizando flexionando os joelhos. Em todo caso, é aconselhável instruir o candidato ao batismo sobre o mecanismo de imersão. Por exemplo, ele deve cobrir o nariz e a boca com uma das mãos, para evitar a entrada de água. Deve-se explicar ao batizando que ele será inclinado para trás quando o batismo for realizado dessa forma. Se o ministrante for destro, a inclinação deve ser para a esquerda, de modo que o ministro coloque a mão esquerda nas costas da pessoa e com a direita possa fazer o impulso de tirá-la da água segurando as mãos do candidato. Se o ministrante for canhoto, o processo será inverso.

Se o batismo for realizado em um rio, com um curso natural de água, recomenda-se que a imersão seja contra a corrente, a fim de facilitar a elevação do corpo.

Quando a imersão for verticalmente para baixo, o procedimento é mais fácil. Sugere-se que o batizando, no momento de ser submerso, dobre as pernas como se fosse pegar algo no chão do batistério. Em seguida, quando a água cobrir a cabeça da pessoa, o ministrante levanta-a imediatamente.

Testemunho prévio

Quanto a isso, as práticas são variadas. As principais são as seguintes:

- No culto especial de batismo, o candidato dá testemunho de sua fé no Senhor e do que Jesus fez na vida dele. Isso faz do culto uma excelente oportunidade de evangelização, pois a mensagem daquele dia não é transmitida pelo pastor, mas pelos testemunhos das pessoas. O ministro se limitará a fazer um apelo no final.
- Em um culto que antecede o batismo, o candidato dá seu testemunho perante a igreja, e em outro culto ocorre o batismo. É como uma reunião mais privada da congregação, para que os irmãos conheçam melhor aquele que se tornará membro da igreja, como eles.
- Hoje em dia, com os recursos tecnológicos de que muitas igrejas dispõem, é mais eficaz que o testemunho de cada candidato — com base em algumas questões específicas

— seja filmado, a fim de evitar que um candidato que não está habituado a falar em público passe por constrangimento. Por exemplo: "O que Jesus fez na sua vida?"; "Que mudanças ele produziu em você?"; "Quem é Jesus para você agora?" etc. Assim, no dia do batismo o testemunho do candidato é projetado em uma tela.

- Se a igreja estiver batizando muitas pessoas em um único culto, provavelmente não será possível que todos deem o seu testemunho. A solução é fazer isso em pequenos grupos ou mesmo no decorrer do batismo, ou seja, ao mesmo tempo que o culto acontece.

A CERIMÔNIA

MOMENTO DE LOUVOR E ADORAÇÃO

Sugerimos aqui um período de tempo mais curto que o de um culto regular. Se possível, com uma seleção de canções com letras compreensíveis aos não cristãos, cuja mensagem sirva para preparar o coração deles.

EXPLICAÇÃO DO BATISMO

O pastor deve explicar o que é batismo, por que ser batizado e a razão da forma adotada, de acordo com os conceitos básicos que expusemos anteriormente. No entanto, não se deve entrar em questões polêmicas, que podem fechar o coração dos ouvintes. Em vez disso, a explicação deve ser orientada principalmente para o elemento testemunhal de cada batismo, ou seja, para o fato de que são vidas transformadas por Cristo.

TESTEMUNHO DOS CANDIDATOS AO BATISMO

Já explicamos algumas variações sobre como e quando podem ser dados os testemunhos. Contudo, sugerimos enfaticamente que, se é para haver testemunho no próprio culto de batismo, o depoimento de cada batizando seja seguido de seu batismo, antes de a igreja ouvir o testemunho seguinte. Desse modo, ao ouvir o testemunho de cada um, os presentes irão vinculá-lo à obra de Jesus Cristo na vida de cada batizando.

APELO À CONVERSÃO

O pastor deve aproveitar a riqueza de cada testemunho para tecer uma breve mensagem evangelística com base nas mudanças que Cristo fez na vida de cada um e fazer um apelo. Sugerimos algo assim:

> Ouvimos os testemunhos e assistimos a essa mensagem dramatizada que é o batismo. Como já explicamos, cada uma dessas pessoas tem um "antes" e um "depois" do encontro com Cristo. Ninguém passou por esta água simplesmente para cumprir um ritual religioso ou com alguma pretensão mística. Todos eles sepultaram a velha vida e nasceram para uma vida nova. Alguns foram libertos por Jesus Cristo da depressão; outros, dos vícios; outros, ainda, do medo. Alguns foram curados. No entanto, todos experimentaram o amor do Senhor, que os ressuscitou para uma nova vida. Porque não se trata de religião, mas de uma mudança profunda que Jesus opera em nós quando permitimos que ele seja o Senhor da nossa vida.
>
> O mesmo pode acontecer com você. Não sei o que o mantém escravizado, o que o obriga a viver uma vida miserável e que o privou da felicidade. Seja o que for, Jesus Cristo pode salvá-lo, libertá-lo e curá-lo hoje. Você só precisa se arrepender de ter vivido afastado de Deus e entregar a sua vida a Jesus, pela fé, para que ele venha habitar no seu coração.
>
> O que você acabou de ouvir são testemunhos diferentes, mas todos os que acabaram de passar pelas águas do batismo têm algo em comum: um dia, eles fizeram uma oração simples, mas poderosa, por meio da qual entregaram a vida a Cristo. Faça você o mesmo. Entregue a sua vida ao Senhor Jesus agora e comece a experimentar a paz, o amor e o poder transformador que ele oferece.
>
> Quero guiá-lo nessa oração simples. Diga ao Senhor agora: "Pai celestial, preciso de ti. Quero me entregar a ti. Peço perdão

pelos meus pecados, deposito a minha fé em Jesus Cristo e o reconheço como o meu Senhor e Salvador. Jesus, entra no meu coração agora e reina na minha vida".

Peço que todos os que fizeram essa oração de fé se apresentem aqui, pois quero cumprimentá-los e orar pela vida de cada um.

RECEPÇÃO AOS QUE ENTREGARAM A VIDA A CRISTO E ORAÇÃO POR ELES

Após a oração do pastor pelos que aceitaram Cristo, a igreja deve dispor de uma equipe e de material adequado para recepcionar essas pessoas, o que pode ser feito em um local destinado para essa finalidade. É conveniente manter a porta aberta para que a pessoa se sinta acolhida e bem-vinda à família de Deus.

ENTREGA DE UMA BÍBLIA E RECEPÇÃO COMO MEMBROS DA IGREJA

Todos os que foram batizados recebem uma Bíblia ou um Novo Testamento e são recebidos como membros da igreja.

ORAÇÃO PELA PLENITUDE DO ESPÍRITO SANTO

Deve ser feita uma oração para que todos os batizados sejam cheios do Espírito Santo.

OFERTA

O pastor deve explicar: "Nós, membros da igreja, temos o enorme privilégio de ofertar ao Senhor, que tudo nos deu, e, acima de tudo, deu a própria vida por nós e nos faz prosperar em todas as áreas. As pessoas que nos visitam, se o desejarem, podem ofertar com total liberdade".

MOMENTO FINAL DE ADORAÇÃO

Devem ser escolhidas uma ou duas canções que expressem gratidão ao Senhor pelo que foi feito na vida dos que se batizaram e dos que se entregaram a Cristo no clima de celebração vivenciado pela igreja.

BÊNÇÃO PASTORAL

O pastor encerra o culto despedindo-se da congregação, convidando os visitantes a regressar e pronunciando uma bênção:

Hoje participamos de uma verdadeira festa espiritual, com vidas transformadas pelo poder do Senhor. Tivemos a grande alegria de receber visitas tão preciosas. A partir de agora, essas pessoas não são mais visitantes: esta é a casa deles, porque é a casa do Senhor. Estamos aqui para atendê-los e ajudá-los no que for necessário. Contem conosco! Despedimo-nos com a bênção do Senhor.

O Senhor os abençoe e os guarde, faça seu rosto brilhar sobre vocês e os encha de bênçãos ao longo desta semana. Eu os abençoo em nome do Pai, do Filho e do Espírito Santo. Amém.

CAPÍTULO 13

CERIMÔNIA DA CEIA DO SENHOR

Embora a ceia do Senhor pareça ter o mesmo significado para as diferentes igrejas, há, no entanto, variações quanto a formas, periodicidade, elementos, participantes, significado e até mesmo nomenclatura. Portanto, antes de sugerir algum tipo de cerimônia, convém discorrer sobre as diferentes possibilidades.

PERGUNTAS

1. O QUE É A CEIA DO SENHOR?

A ceia do Senhor é uma das duas ordenanças deixadas pelo Senhor Jesus e é conhecida por diferentes nomes: "mesa do Senhor", "santa ceia", "mesa eucarística", "mesa da comunhão" ou simplesmente "ceia do Senhor". É composta por dois elementos: o pão e o cálice. O pão representa o corpo partido de Cristo, e o cálice representa seu sangue derramado.

2. COMO CELEBRAR A CEIA DO SENHOR?

- *Os elementos.* Há igrejas que usam pão comum. Outras usam o pão sem fermento ou *matzá*. Quanto ao cálice, também há variantes. Algumas congregações usam o vinho, enquanto outras utilizam o suco de uva ou qualquer tipo de suco.
- *Periodicidade.* Algumas congregações celebram a ceia do Senhor todos os domingos. Outras o fazem uma vez por mês, principalmente no primeiro domingo de cada mês. Outras a inserem mensalmente em sua programação de cultos. Há também as que a celebram em datas especiais, como o primeiro dia do ano, a Sexta-feira Santa, o Domingo de Páscoa e o Dia de Ação de Graças.

3. QUEM DEVE PARTICIPAR DA CEIA DO SENHOR?

Embora existam variantes intermediárias, quanto à participação na ceia do Senhor a maioria das congregações pode ser classificada em um destes quatro tipos de prática:

- *Comunhão fechada (ou restrita).* Só os membros da igreja participam.
- *Comunhão semifechada.* Participam os crentes batizados e membros de qualquer igreja evangélica.
- *Comunhão semiaberta.* Todos os crentes em Jesus Cristo batizados nas águas podem participar.
- *Comunhão aberta.* Participam todos os que confessam que Jesus Cristo é o Senhor.

4. QUAL O SIGNIFICADO DA CEIA DO SENHOR?

O significado básico da ceia do Senhor também difere entre as várias igrejas.

- *Transubstanciação.* É a doutrina sustentada pela igreja católica apostólica romana, segundo a qual o pão e o vinho tornam-se literalmente o corpo e o sangue de Cristo.
- *Consubstanciação.* É a doutrina sustentada pela igreja luterana, segundo a qual a presença de Cristo não substitui a presença do pão e do vinho, mas está agregada ao pão e ao vinho. Lutero afirmava que o corpo e o sangue de Cristo estavam de alguma forma presentes "em, com e sob" os elementos do pão e do vinho.
- *Simbolismo.* É o pensamento geral das denominações evangélicas surgidas dos anabatistas. Zuínglio dizia que "este é o meu corpo" significava "isto representa o meu corpo".
- *Presença real ou mística.* Calvino, por sua vez, argumentava que Cristo estava presente de uma forma verdadeira e real na ceia do Senhor, embora não no sentido físico.
- *Sacramentalismo.* Deus proporciona alguma graça sagrada por meio de um poder espiritual introduzido no participante.

A CERIMÔNIA

Sem entrar em questões doutrinárias, sugerimos aqui uma cerimônia que pode servir a diferentes entendimentos.

GENERALIDADES

O ministro posiciona-se diante da mesa preparada com antecedência. Em algumas igrejas, o pastor convida pessoas designadas para ajudá-lo a servir os elementos à congregação e distribui as bandejas com o pão e os cálices. Em outras igrejas, especialmente as maiores, os auxiliares já se posicionam com as bandejas para distribuir a ceia por todo o templo.

Mensagem: "Feliz será aquele que comer no banquete do Reino"

MINISTRO: A Palavra de Deus diz:

> Ao ouvir isso, um dos que estavam à mesa com Jesus, disse-lhe: "Feliz será aquele que comer no banquete do Reino de Deus".
>
> Jesus respondeu: "Certo homem estava preparando um grande banquete e convidou muitas pessoas.
>
> Na hora de começar, enviou seu servo para dizer aos que haviam sido convidados: 'Venham, pois tudo já está pronto'.
>
> "Mas eles começaram, um por um, a apresentar desculpas. O primeiro disse: 'Acabei de comprar uma propriedade e preciso ir vê-la. Por favor, desculpe-me'.
>
> "Outro disse: 'Acabei de comprar cinco juntas de bois e estou indo experimentá-las. Por favor, desculpe-me'.
>
> "Ainda outro disse: 'Acabo de me casar, por isso não posso ir'.
>
> "O servo voltou e relatou isso ao seu senhor. Então o dono da casa irou-se e ordenou ao seu servo: 'Vá rapidamente para as ruas e os becos da cidade e traga os pobres, os aleijados, os cegos e os mancos'.
>
> "Disse o servo: 'O que o senhor ordenou foi feito, e ainda há lugar' ".

"Então o senhor disse ao servo: 'Vá pelos caminhos e valados e obrigue-os a entrar, para que a minha casa fique cheia. Eu digo a vocês: Nenhum daqueles que foram convidados provará do meu banquete' " (Lucas 14.15-24).

Bem-aventurado quer dizer "feliz". Todos nós lutamos pela felicidade. Todos nós desejamos sentar à mesa da felicidade. No entanto, quando Deus nos convida para a festa da vida, ficamos do lado de fora. Acreditamos que seremos felizes porque possuímos coisas e dizemos a Deus: "Acabei de comprar uma propriedade e preciso ir vê-la".

Acreditamos que seremos felizes porque somos bem-sucedidos na nossa profissão ou vocação, nos nossos empreendimentos ou negócios, e dizemos a Deus: "Acabei de comprar cinco juntas de bois e estou indo experimentá-las".

Acreditamos que seremos felizes porque crescemos na área afetiva e dizemos a Deus: "Acabo de me casar, por isso não posso ir".

Em suma, dizemos: "Por favor, desculpe-me", e, uma vez que fabricamos um Deus "onicompreensivo", acreditamos que, por fim, Deus irá nos justificar e nos entender.

No entanto, o texto diz que o pai da família ficou irado. Ele não foi tão compreensivo com as desculpas, as postergações e a indiferença. Ele se encolerizou e mudou de convidados.

Para a festa da vida, os convidados felizes não são os primeiros, e sim aqueles que não têm desculpas para apresentar. A frase final é letal: "Nenhum daqueles que foram convidados provará do meu banquete".

Eles gostam de suas propriedades, apreciam os bois recém-adquiridos, estimam o casamento e a família, mas não se interessam pelo banquete nem pela felicidade do Reino. Nenhuma propriedade ou posse econômica pode fazer alguém feliz. Nenhuma realização profissional, vocacional ou comercial pode fazer alguém feliz. Nenhuma realização emocional pode fazer alguém feliz.

Tudo isso é bom, mas o problema está nas prioridades: "Senhor, quando eu prosperar, vou me consagrar a ti. Senhor, depois que terminar a minha graduação, vou me dedicar a ti. Senhor, assim que criar os meus filhos, vou me consagrar a ti". Esforçamo-nos para ser felizes, bem-aventurados, mas nos esquecemos de que a felicidade consiste em sentar-se à mesa do Rei, em dar-lhe o primeiro lugar.

Qualquer dieta para perder peso irá recomendar que você corte o pão. No entanto, Jesus diz a você: "Feliz será aquele que comer [pão] no banquete do Reino". Nós fazemos a dieta de Deus, mas suprimimos a nossa intimidade com ele porque não temos tempo, porque as nossas posses exigem atenção. Baixamos as calorias da nossa entrega porque os bois exigem que os testemos, pois são novos. Adiamos o nosso serviço ao Senhor porque a família exige a nossa atenção.

Contudo, Jesus continua dizendo: Bem-aventurado aquele que come o pão no Reino. É um convite renovado de Deus para a sua vida. O que vai ser discutido não é quantas fazendas você terá, ou quantos bois, ou se você é casado ou não. O que vai acontecer no final do ano é se você está feliz ou não. Portanto, o eixo dessa vida bem-aventurada e feliz é desfrutar a festa de Jesus.

O extraordinário é que, quando nos sentamos à mesa do pai de família, este nos dá tudo. Pois qual pai, "se seu filho pedir pão, lhe dará uma pedra? Ou, se pedir peixe, lhe dará uma cobra? Se vocês, apesar de serem maus, sabem dar boas coisas aos seus filhos, quanto mais o Pai de vocês, que está nos céus, dará coisas boas aos que lhe pedirem!" (Mateus 7.9-11).

Todo pai deseja que seu filho tenha uma propriedade, ou seja, que cresça economicamente, que tenha "bois", ou seja, deseja também que progrida profissional, social e vocacionalmente e que constitua um belo lar. Portanto, se mesmo sendo maus, queremos coisas boas para os nossos filhos, quanto mais Deus! É claro que Deus deseja que você seja economicamente abundante, que cresça e se desenvolva profissional, comercial e vocacionalmente e que aproveite ao máximo a sua família. Ele não só quer isso, como promete tais coisas a você.

A questão é que vivemos nos esforçando para alcançar coisas que não nos trazem felicidade e nos esquecemos do convite para a festa da vida, que inclui tudo que podemos alcançar.

Albert E. N. Gray, em seu livro *The Common Denominator of Success* [O denominador comum do sucesso], diz que pesquisou o assunto e descobriu que esse denominador comum não era o trabalho árduo, nem a boa sorte, nem a capacidade de se relacionar bem, e sim começar pelo que é prioridade.

Hoje vamos compartilhar o pão. Lembre-se de que este é o alimento que nutre a sua vida e a enche de felicidade. Não se engane sobre a receita da bem-aventurança ou da felicidade. Não faça dieta de Deus, não troque o banquete do Reino por comida de micro-ondas.

Não se preocupe com as demais coisas. Se Deus não poupou o próprio Filho, mas o entregou por você, como não iria lhe dar todas as outras coisas?

Há um convite aberto. Não fique de fora. Não deixe Deus de fora, não adie, não dê desculpas!

DISTRIBUIÇÃO DO PÃO

MINISTRO: "Pois recebi do Senhor o que também entreguei a vocês: Que o Senhor Jesus, na noite em que foi traído, tomou o pão e, tendo dado graças, partiu-o e disse: 'Isto é o meu corpo, que é dado em favor de vocês; façam isto em memória de mim' " (1Coríntios 11.23,24).

Convido os irmãos responsáveis para que distribuam o pão, enquanto ouvimos uma canção.

MINISTRO (depois de partir o pão diante de todos, o pastor dá graças. Em seguida, convida a congregação a comer o pão): "O Senhor convida você a comer o pão de seu Reino".

DISTRIBUIÇÃO DO VINHO

MINISTRO: "Da mesma forma, depois da ceia ele tomou o cálice e disse: 'Este cálice é a nova aliança no meu sangue; façam isto sempre que o beberem em memória de mim'. Porque, sempre que comerem deste pão e beberem deste cálice, vocês anunciam a morte do Senhor até que ele venha" (1Coríntios 11.25,26).

Convido os irmãos encarregados para que distribuam o vinho, enquanto ouvimos uma canção.

MINISTRO (o pastor levanta um cálice diante de todos e o abençoa dando graças. Em seguida, convida os irmãos a beber do cálice): "O cálice é a nova aliança em seu sangue. Um pacto pelo qual o Senhor passa a ter prioridade sobre as 'propriedades, bois e famílias' de vocês, para que com ele Deus lhes dê 'propriedades, bois e famílias' ".

ENCERRAMENTO DO CULTO

MINISTRO: A Bíblia diz que, quando terminaram de compartilhar a última ceia, eles cantaram um hino antes de sair do cenáculo (Mateus 26.30). Então, agora vamos louvar a Deus e encerrar o nosso culto saudando-nos uns aos outros. Deus os abençoe grandemente.

CAPÍTULO 14

CERIMÔNIA DE LAVAGEM DOS PÉS

Embora encontremos antecedentes para essa prática no Antigo Testamento, ela é mencionada apenas duas vezes no Novo Testamento. A primeira menção é em João 13, quando o próprio Jesus lava os pés de seus discípulos. A segunda é em 1Timóteo 5, quando o apóstolo estabelece a prática como requisito para que uma viúva seja incluída na lista de auxílio da igreja:

> Nenhuma mulher deve ser inscrita na lista de viúvas, a não ser que tenha mais de sessenta anos de idade, tenha sido fiel a seu marido e seja bem conhecida por suas boas obras, tais como criar filhos, ser hospitaleira, lavar os pés dos santos, socorrer os atribulados e dedicar-se a todo tipo de boa obra (v. 9,10).

O cerne da mensagem dessa cerimônia é transmitir a humildade e o espírito de serviço que deve caracterizar o seguidor de Jesus na imitação de seu Mestre. Portanto, além do próprio ato de lavar os pés, sugerimos que a mensagem da Palavra gire em torno desse conteúdo atitudinal de humildade e de sua expressão prática no serviço.

OCASIÃO

Algumas congregações celebram a cerimônia do lava-pés uma vez por ano, no culto da quinta-feira da Semana Santa. Outras igrejas o fazem mais periodicamente e a vinculam à ceia do Senhor, geralmente após essa celebração. É também uma excelente ocasião para fazer dessa cerimônia o elemento central do culto, na qual se consagre a vida dos que cumprem os variados ministérios na congregação, e encerrar com um chamado ao serviço.

PARTICIPANTES

Em congregações pequenas, todos os presentes podem participar da cerimônia lavando os pés uns dos outros. Nas igrejas maiores, isso é impossível. Portanto, será necessário escolher quem irá lavar os pés e quem terá os pés lavados. Há muitas possibilidades. Apresentamos aqui algumas alternativas, apenas como sugestão.

A primeira alternativa, seguindo o modelo de Jesus, é que os pastores e líderes mais destacados, ou visíveis, da igreja sejam os que lavam os pés. Estes devem lavar os pés de alguns membros de perfil mais baixo, menos visível, mas que também exerçam alguma tarefa na igreja.

Como segunda alternativa, os pastores da igreja é que devem lavar os pés dos demais líderes. O ato deve ser seguido de um apelo amoroso para que o exercício da liderança seja um ato de serviço.

Como terceira alternativa, que os principais líderes da igreja sejam os que lavam os pés e que tenham os pés lavados por alguns dos irmãos que servem sob os ministérios desses líderes. Aqui, mais uma vez, a mensagem implícita e explícita deve ser a de que o líder é um servo.

Como quarta alternativa, no mesmo espírito da sugestão anterior, os pastores lavam os pés dos novos líderes, dos que estão ingressando no ministério. Aqui também a explicação do ato deve girar em torno das palavras de Jesus: "Eu dei o exemplo, para que vocês façam como lhes fiz" (João 13.15).

Como quinta alternativa, entre muitas outras, que se promova um encontro de pastores na cidade, no qual alguns deles sejam selecionados para lavar os pés, e outros para terem os pés lavados.

ELEMENTOS

A preparação do local e dos elementos é essencial para que o evento não sofra atrasos ou se perca em distrações desnecessárias. Para isso, devem ser providenciadas cadeiras suficientes na plataforma do templo, de acordo com o número de participantes. Deve-se providenciar também uma bacia ou qualquer outro recipiente adequado, um jarro de água morna e uma toalha para cada pessoa cujos pés serão lavados. Sugerimos o uso individual e exclusivo desses elementos por motivo de higiene e de boa imagem.

A CERIMÔNIA

Leitura da Palavra de Deus

MINISTRO: "Um pouco antes da festa da Páscoa, sabendo Jesus que havia chegado o tempo em que deixaria este mundo e iria para o Pai, tendo amado os seus que estavam no mundo, amou-os até o fim. Estava sendo servido o jantar, e o Diabo já havia induzido Judas Iscariotes, filho de Simão, a trair Jesus. Jesus sabia que o Pai havia colocado todas as coisas debaixo do seu poder, e que viera de Deus e estava voltando para Deus; assim, levantou-se da mesa, tirou sua capa e colocou uma toalha em volta da cintura. Depois disso, derramou água em uma bacia e começou a lavar os pés dos seus discípulos, enxugando-os com a toalha que estava em sua cintura. Chegou-se a Simão Pedro, que lhe disse: 'Senhor, vais lavar os meus pés?' Respondeu Jesus: 'Você não compreende agora o que estou fazendo a você; mais tarde, porém, entenderá'. Disse Pedro: 'Não; nunca lavarás os meus pés!'. Jesus respondeu: 'Se eu não os lavar, você não terá parte comigo'. Respondeu Simão Pedro: 'Então, Senhor, não apenas os meus pés, mas também as minhas mãos e a minha cabeça!' Respondeu Jesus: 'Quem já se banhou precisa apenas lavar os pés; todo o seu corpo está limpo. Vocês estão limpos, mas nem todos'. Pois ele sabia quem iria traí-lo e, por isso, disse que nem todos estavam limpos. Quando terminou de lavar-lhes os pés, Jesus tornou a vestir sua capa e voltou ao seu lugar. Então lhes perguntou: 'Vocês entendem o que fiz a vocês? Vocês me chamam "Mestre" e "Senhor", e com razão, pois eu o sou. Pois bem, se eu, sendo Senhor e Mestre de vocês, lavei os seus pés, vocês também devem lavar os pés uns dos outros. Eu dei o exemplo, para que vocês façam como lhes fiz. Digo verdadeiramente que nenhum escravo é maior do que o seu senhor, como também nenhum mensageiro é maior do que aquele que o enviou' ".

EXPLICAÇÃO DO ATO, DE SEU SIGNIFICADO E DA SELEÇÃO DOS PARTICIPANTES

Explicação do ato

MINISTRO: Este é um ato modelador da liderança cristã. Jesus nos deixou um exemplo do que é a essência de um líder. O líder cristão é, acima de tudo, um servo. Neste dia, em que vamos consagrar a vida dos nossos líderes, queremos que eles primeiramente, mas também todos nós, adotem o serviço como marca de identidade. Não apenas os líderes, porque o serviço define de fato a identidade de um seguidor de Jesus. O próprio Senhor disse: "Quem quiser ser o primeiro deverá ser escravo; como o Filho do homem, que não veio para ser servido, mas para servir e dar a sua vida em resgate por muitos" (Mateus 20.27,28). Portanto, todo discípulo de Jesus deve imitar o exemplo de seu Mestre. Se isso vale para todos, quanto mais para os que assumem a responsabilidade e o privilégio de ser líderes na igreja de Jesus Cristo! Por fim, que fique registrado para todos nós: o Senhor nos deixou um exemplo dramatizado dessa mensagem, que vamos reproduzir hoje.

Seleção dos participantes

MINISTRO: Por motivos práticos e de tempo, não há como fazer que todos participem do ato em si, mas podemos todos ser parte da mesma mensagem, da mesma resposta atitudinal e do mesmo compromisso perante o Senhor de agora em diante.

Decidimos escolher os irmãos que lideram os ministérios da nossa igreja para que lavem os pés dos irmãos que estão sob sua liderança, limitando o número a um irmão por ministério.

Lavagem dos pés

Procede-se ao ato propriamente dito.

- Os irmãos previamente selecionados e informados são convidados a se apresentar e sentar nas cadeiras preparadas.

- Os líderes dos ministérios também são convidados a se aproximar e se ajoelhar diante dos irmãos que terão os pés lavados.
- Os irmãos cujos pés serão lavados tiram os sapatos e as meias.
- Os líderes pegam o jarro e colocam a água morna na bacia.
- Os líderes ajudam os irmãos a colocar um pé de cada vez na bacia.
- O líder começa a derramar água com as mãos, cobrindo os pés do irmão. Enquanto faz isso, o líder, olhando para o rosto do irmão, declara: "Como Jesus fez com seus discípulos, eu também lhe digo, querido irmão, que a minha vida e o meu ministério estão ao seu serviço".
- Depois de lavar ambos os pés, o líder pega a toalha e seca os pés do irmão, que, em seguida, deve calçar as meias e os sapatos.
- O líder encerra o ato com um abraço e abençoa seu liderado com uma oração.

Mensagem

MINISTRO: Este foi um dos episódios mais fortes e significativos no ministério de Jesus e foi uma ação absolutamente intencional. Ele fez isso para marcar a fogo a ideia de que o Reino de Deus é constituído de serviço e de servos. Quero destacar aqui algumas questões importantes:

Aquele que se humilhou para lavar os pés sabia que todas as coisas estavam em suas mãos. O Pai dera a ele todas as coisas. Ele sabia perfeitamente que tinha domínio sobre tudo no céu e na terra. Ainda assim, assumiu uma tarefa que, nas residências judaicas, era reservada aos escravos. A mensagem era tão forte que Pedro recusou ter os pés lavados quando chegou a vez dele. Porque era inconcebível que alguém na condição de Jesus se humilhasse diante dele. No entanto, Jesus insistiu, porque estava forjando o caráter de seus discípulos e, a começar por eles, de cada líder cristão.

- Aquele que se humilhou para lavar os pés sabia que tinha vindo de Deus. Jesus tinha plena consciência de sua identidade como Filho de Deus. Ele sabia quem era. Não que tenha vindo de Deus como uma procedência geográfica, mas como uma procedência de natureza e de identidade. Ele sabia que era um com o Pai, que era Deus. No entanto, mesmo com plena consciência dessa identidade, ele se humilhou mais uma vez e se prostrou diante dos pés sujos de seus discípulos e os lavou. O líder cristão jamais deve assumir uma atitude de superioridade para com os irmãos a quem lidera, nem mesmo para com os pecadores. Assim como a Divindade se humilhou, o líder cristão traz Deus para mais perto do ser humano quando se humilha e serve alguém.
- Aquele que se humilhou para lavar os pés sabia que iria voltar para Deus. Jesus conhecia os tempos perfeitamente e sabia que logo voltaria para o Pai. Estava ciente também de que a missão que havia iniciado deveria ser continuada por seus discípulos. Eles teriam de encarnar um novo estilo de liderança. Não seriam mais como os outros líderes. Os rabinos da época mantinham distância do povo abertamente, mas os discípulos de Jesus deveriam adotar um padrão diferente. O maior era aquele que servia.
- Aquele que se humilhou para lavar os pés sabia que estava iniciando uma liderança multigeracional. Assim como em João 17 Jesus orou não só pelos seus Doze, mas também por aqueles que creriam nele futuramente, aqui ele também pensava em nós ao lavar os pés dos discípulos. Se a primeira linhagem de líderes seguisse seu exemplo, então o reproduziriam nos sucessores. Portanto, devemos tomar o bastão e imitar o nosso Senhor, mas também somos responsáveis por exercer uma liderança servil tão evidente que, ao passar o bastão para a próxima geração de líderes, o padrão do Mestre seja preservado e o mundo saiba que o Reino dos céus é constituído de serviço e de servos.

Apelo à consagração ao serviço

MINISTRO: Servir ao Senhor e ao próximo é a vocação por excelência de todo cristão. É a única coisa que enche de plenitude e de sentido a vida de alguém, porque fomos criados por Deus e viemos à terra para isso. Fomos salvos do pecado pelo sangue de Jesus Cristo por causa disso. Fomos cheios do Espírito Santo por causa disso. Estamos aqui hoje por causa disso. Então, por um lado, não temos escolha, mas, por outro lado, o Senhor não nos obriga a fazer nada. Portanto, todos nós temos hoje a oportunidade de decidir: seremos verdadeiros seguidores daquele que veio para servir e dar a própria vida em resgate por muitos? Eu o incentivo a tomar uma decisão hoje e para sempre. Assim, terá a ousadia de viver a vida cristã em plenitude, ou seja, em todos os momentos e em todos os lugares será um servo do Senhor, aquele que consagrou a própria vida para resgatar muitos. Convido aqueles que hoje estão assumindo esse desafio maravilhoso a virem aqui, porque vamos orar por vocês. Para começar bem a vida de serviço, ajoelhado aqui no altar, você irá assumir o compromisso de ser um líder-servo.

Oração pelos que consagraram a própria vida

As pessoas ajoelhadas no altar recebem a oração pastoral de consagração de sua vida.

Hino de encerramento e bênção pastoral

CAPÍTULO 15

CERIMÔNIA FÚNEBRE

O ministro também deve ser um instrumento da obra de Deus nos momentos de tristeza, como na morte de uma pessoa. Ao longo do ministério, nós, pastores, em muitas ocasiões temos de celebrar cerimônias fúnebres. Em alguns casos, despedimo-nos de líderes importantes da congregação; em outros, de membros da igreja. Há casos em que precisamos ministrar o consolo de Deus pela perda de um ente querido de um membro da igreja ou mesmo na partida de alguém que não conheceu Cristo como Senhor. Devemos ministrar na despedida não só de adultos e idosos, mas também de crianças, adolescentes e jovens, e estas são provavelmente as situações mais difíceis. Em qualquer caso, porém, o nosso ministério deve ser uma expressão do amor do "Deus e Pai de nosso Senhor Jesus Cristo, Pai das misericórdias e Deus de toda consolação" (2Coríntios 1.3).

Esse tipo de cerimônia ocorre basicamente em três lugares: na funerária, no templo e, finalmente, no cemitério. Na maioria das congregações, o uso do templo é reservado para a despedida de pastores ou líderes importantes da igreja. Em outras, o templo é usado quando a família não tem recursos para pagar a casa funerária. Já em congregações com muitas atividades e serviços, essa prática é bastante dificultada.

Assim, é mais comum que esse tipo de cerimônia seja celebrado na casa funerária e depois no cemitério. Na maioria dos casos, costuma-se fazer um culto noturno no velório e, no dia seguinte, dar uma palavra no cemitério. Normalmente, não há tempo suficiente no cemitério para um culto mais longo, por isso costuma-se dar uma palavra final e fazer uma oração. Por esse motivo, iremos nos concentrar, para os propósitos deste *Manual*, no culto realizado no velório, seja no templo, seja na funerária.

CERIMÔNIA FÚNEBRE DE UM CRENTE

ABERTURA

MINISTRO: Teremos agora um tempo juntos para nos despedirmos do nosso amado irmão/da nossa amada irmã .... (nome do falecido), a quem o Senhor acaba de levar para sua presença.

LEITURA BÍBLICA

MINISTRO: A Bíblia diz em 2Coríntios 5.1-8: "Sabemos que, se for destruída a temporária habitação terrena em que vivemos, temos da parte de Deus um edifício, uma casa eterna nos céus, não construída por mãos humanas. Enquanto isso, gememos, desejando ser revestidos da nossa habitação celestial, porque, estando vestidos, não seremos encontrados nus. Pois, enquanto estamos nesta casa, gememos e nos angustiamos, porque não queremos ser despidos, mas revestidos da nossa habitação celestial, para que aquilo que é mortal seja absorvido pela vida. Foi Deus que nos preparou para esse propósito, dando-nos o Espírito como garantia do que está por vir. Portanto, temos sempre confiança e sabemos que, enquanto estamos no corpo, estamos longe do Senhor. Porque vivemos por fé, e não pelo que vemos. Temos, pois, confiança e preferimos estar ausentes do corpo e habitar com o Senhor".

O apóstolo Paulo afirma que existe algo melhor que a vida aqui na terra: a vida na presença do Senhor. Ele diz: "Preferimos estar ausentes do corpo e habitar com o Senhor". Esta é a realidade que desde hoje vive o nosso amado irmão/a nossa amada irmã .... (nome do falecido). Ele/ela está definitivamente ausente deste corpo (apontando para o caixão), mas estará por toda a eternidade na presença do Senhor.

É por isso que um sentimento duplo ocupa o nosso coração: a tristeza pela ausência e a alegria por estar na presença do Senhor. Por isso, choramos com aqueles que choram aqui por sua ausência, mas nos regozijamos por ele/ela estar definitivamente melhor que nós na presença do Senhor. Tenho certeza de que ele/ela nos encorajaria a louvar a Deus neste momento. Por isso, escolhemos algumas músicas das que o nosso irmão/a nossa irmã mais gostava.

ADORAÇÃO

- (Consultar previamente a família sobre as músicas preferidas do falecido.)
- Duas músicas.

PALAVRA DE ALGUNS DOS PRESENTES

MINISTRO: Há pessoas que passam a vida sem deixar muitas marcas e sem causar impacto na vida dos outros, sem deixar lembranças positivas, mas com o nosso amado irmão/a nossa amada irmã .... (nome do falecido) aconteceu o contrário. Por isso, queremos abrir neste momento a oportunidade para que alguns irmãos em Cristo, amigos e familiares possam, muito brevemente, nos dar algum testemunho do que o nosso amado irmão/a nossa amada irmã .... (nome do falecido) significou em sua vida ou compartilhar alguma lembrança conosco.

- (Dê oportunidade a irmãos, amigos e familiares. O microfone permanecerá na mão do ministro, para que ninguém se estenda muito. Caso muita gente queira falar, ele determinará um número de falantes, de acordo com o tempo. A família imediata deve ser deixada por último e com tempo suficiente para se expressar.)

MENSAGEM

MINISTRO: Apocalipse 21.3,4 diz: "Ouvi uma forte voz que vinha do trono e dizia: 'Agora o tabernáculo de Deus está com os homens, com os quais ele viverá. Eles serão os seus povos; o próprio Deus estará com eles e será o seu Deus. Ele enxugará dos seus olhos toda lágrima. Não haverá mais morte, nem tristeza, nem choro, nem dor, pois a antiga ordem já passou' ".

Muitos ficam ansiosos, tomados de incerteza e de medo com a partida de um ente querido, perguntando-se o que será dele. No entanto, aqueles que têm Cristo como Senhor não têm dúvidas. O Senhor afirma, como lemos em 2Coríntios 5, que o nosso amado irmão/a nossa amada irmã .... (nome do falecido), por ter reconhecido Jesus Cristo como Senhor e tê-lo recebido como Salvador pessoal nesta vida terrena, agora com absoluta certeza entrou na presença do Senhor e passará a eternidade com ele em um estado que a Palavra de Deus define como plenitude absoluta. Para ele/ela, não há mais morte nem choro, nem pranto, nem dor, porque as primeiras coisas, as coisas concernentes à vida terrena, já passaram.

Na verdade, debaixo do céu, na terra, todos nós passamos por situações de dor, doença, sofrimento, limitação, carência, choro e finalmente morte. São os momentos da vida em que devemos nos aproximar de Deus e reconhecer seu Filho, Jesus Cristo, como Senhor da nossa vida. Quando fazemos isso, não só experimentamos seu amor, sua paz, seu perdão, sua cura, seu consolo e sua provisão, como também, acima de tudo, recebemos dele a garantia da vida eterna. O Senhor Jesus declarou: "Deus tanto amou o mundo que deu o seu Filho Unigênito, para que todo o que nele crer não pereça, mas tenha a vida eterna" (João 3.16).

O nosso amado irmão/a nossa amada irmã .... (nome do falecido) aceitou aquele maravilhoso convite e depositou sua fé em Jesus Cristo, e sua vida foi transformada não só aqui na terra: agora ele/ela desfruta a certeza da vida eterna.

Essa vida, como lemos em Apocalipse, não só é infinita, como é a melhor vida que alguém pode ter. É a plenitude em sua máxima expressão.

Quando amamos alguém, queremos tê-lo para nós, e é muito doloroso nos desapegarmos, porque queremos ficar com ele. No entanto, quando amamos alguém, também desejamos para esse alguém o melhor. Então, como todos vocês, querida família, amam .... (nome do falecido), agora, em meio à tristeza pela ausência e à dor da perda, tenham a certeza de que ele/ela está vivendo o melhor, da melhor maneira, porque está com o Senhor por toda a eternidade.

Portanto, uma vez que amamos e desejamos o melhor para o nosso ente querido, não iremos mantê-lo aqui. Vamos "liberá-lo" no nosso mundo interior. Claro que isso é difícil e doloroso, mas somos encorajados não só pela certeza de que ele/ela está vivendo em plenitude, como também por outra certeza. A Palavra de Deus nos garante que, em breve, iremos nos encontrar outra vez com o nosso ente querido para passar a eternidade com o Senhor também.

O céu e a terra são absolutamente interativos. No céu, o nosso Pai celestial já enxugou todas as lágrimas dos olhos do nosso amado irmão/da nossa amada irmã .... (nome do falecido). E nós, aqui na terra, vamos orar para que o Espírito Santo enxugue todas as lágrimas de seus entes queridos. Que o grande Consolador faça a obra perfeita na vida da família, dos amigos e também na nossa, como irmãos em Cristo. Vamos orar.

ORAÇÃO

MINISTRO: Senhor, obrigado pela vida do nosso amado irmão/da nossa amada irmã .... (nome do falecido)! Obrigado por teres nos dado a vida dele/dela por todos esses anos! Obrigado por não precisarmos mais orar por ele/ela, porque já está na tua presença vivendo plenamente por toda a eternidade! Obrigado por teres enxugado as lágrimas dele/dela! Agora oramos por seus entes queridos (cite o nome dos membros da família imediata), para que neste momento de perda e de ausência experimentem de maneira sobrenatural a tua presença. Que o teu Espírito Santo os conforte, que a força do Altíssimo venha sobre a vida deles e que, após o tempo natural de luto, também aqui na terra enxugues todas as lágrimas dos olhos de seus entes queridos, de modo que permaneçam em sua memória apenas as melhores lembranças e o legado que o nosso amado irmão/a nossa amada irmã ....

(nome do falecido) lhes deixou. E que Jesus em nós, a esperança da glória, nos encha com a santa expectativa de que, em breve, nos encontraremos outra vez para passar a eternidade plenamente contigo. Em nome de Jesus Cristo. Amém.

ENCERRAMENTO

Apelo

MINISTRO: Assim como o nosso amado irmão/a nossa amada irmã .... (nome do falecido) um dia decidiu entregar-se a Jesus Cristo, se ele/ela estivesse aqui neste momento, iria se dirigir a você e lhe diria para fazer a mesma coisa. A sua vida será transformada na terra, e, como ele/ela, você terá a certeza da vida eterna com Deus.

Da mesma forma, para nós que já somos crentes, o espaço vazio no banco da igreja exige que façamos o mesmo que ele/ela, que serviu ao Senhor com o melhor de si. Por isso, ofereça agora ao Senhor os seus dons, o seu tempo e a sua disposição para servir-lhe até que ele volte ou até que ele o leve também à sua presença para viver a eternidade com Deus.

Convite

MINISTRO: Amanhã iremos sair daqui para o cemitério .... (nome do cemitério e endereço) às ...... horas (hora de encerramento). Aqueles que puderem nos acompanhar terão lá a última despedida.

Bênção pastoral

MINISTRO: Que a graça, a misericórdia e a paz do nosso Senhor Jesus Cristo estejam com todos vocês agora e sempre. Amém.

- (O ministro aproxima-se da família e cumprimenta cada um dos seus membros de maneira personalizada.)

BREVE CERIMÔNIA NO CEMITÉRIO

EXPLICAÇÃO

MINISTRO: Já tivemos um momento especial no local do velório, mas agora queremos dizer adeus ao nosso amado irmão/à nossa amada irmã .... (nome do falecido). Faremos isso com uma leitura bíblica e uma oração.

PALAVRA

MINISTRO: A Bíblia diz que fomos criados por Deus do pó da terra, e este é o momento previsto para que "o pó volte à terra, de onde veio, e o espírito volte a Deus, que o deu" (Eclesiastes 12.7).

O que estamos depositando no solo não é a vida do nosso amado irmão/da nossa amada irmã, mas apenas seus restos mortais. O espírito dele/dela, seu verdadeiro ser, já voltou para Deus e está desfrutando sua presença por toda a eternidade. As Escrituras também nos dizem para não sofrermos como aqueles que não têm esperança. Há espaço para tristeza, porque a perda do nosso amado irmão/da nossa amada irmã nos machuca, mas não estamos tristes como aqueles que não têm esperança. Sabemos com certeza onde e como ele/ela está e temos esperança de que, em breve, o Senhor ou venha nos buscar primeiro ou então de que seremos levados à sua presença mais cedo. Em breve, sim, muito em breve, iremos passar a eternidade com o Senhor.

ORAÇÃO

MINISTRO: Senhor, obrigado mais uma vez pela vida do nosso irmão/da nossa irmã. Despedimo-nos dele/dela apenas por um tempo. Lamentamos isso, mas com esperança. Despedimo-nos dele/dela com gratidão, porque ele/ela já está contigo. Estes restos mortais não foram capazes de contê-lo/contê-la. Ele/ela está desfrutando a tua bendita presença. Muito obrigado!

DESPEDIDA

O ministro instrui a equipe do cemitério a abaixar o caixão e, pegando um punhado de terra, pronuncia estas palavras: "Do pó viemos e ao pó voltamos, mas o espírito de .... (nome do falecido) já está com o Senhor".

O pastor lança o punhado de terra sobre o caixão e diz: "Convido os presentes a fazer o mesmo, em despedida dos restos mortais de seu ente querido".

O ministro diz: "Estou aqui à disposição de todos os presentes que precisarem de uma oração ou de uma conversa pessoal. Da mesma forma, a nossa congregação é a casa de vocês, e os convidamos a que se unam conosco no próximo domingo, para participarem do culto, às ...... horas, no nosso templo, na rua .... (endereço). Estamos aqui para atendê-los em tudo que precisarem.

CERIMÔNIA FÚNEBRE DE UM NÃO CRENTE

Sabemos que, infelizmente, quem não entregou a vida a Cristo não tem a vida eterna. Quando temos de ministrar no funeral de um descrente, é porque a família nos pediu. Nesse caso, encontramo-nos em uma situação delicada, porque não podemos dizer o que não é verdade apenas por empatia. Ao mesmo tempo, não podemos deixar de ser portadores de consolo em tal situação. Portanto, recomendamos que o ministro, em vez de se concentrar no falecido, direcione a atenção para os entes queridos. Desse modo, a nossa participação fortalecerá a vida dos que estão vivos, a quem nos dirigimos e a quem devemos pastorear nesse momento, com o propósito de que o Espírito Santo abra o coração deles, a fim de que se possa continuar o pastoreio, a ministração. Trata-se também de uma grande oportunidade evangelizadora, para apresentar Jesus Cristo como Senhor e Salvador.

ABERTURA

MINISTRO: Teremos agora um tempo juntos para nos despedirmos de .... (nome do falecido). Por isso, convido você a uma leitura bíblica, uma breve reflexão e uma oração.

LEITURA BÍBLICA

MINISTRO: Sem dúvida, uma das passagens mais co
Bíblia é o salmo 23, que diz: "O SENHOR é o meu pastor; d
falta. Em verdes pastagens me faz repousar e me cond
tranquilas; restaura-me o vigor. Guia-me nas veredas da j
amor do seu nome. Mesmo quando eu andar por um vale
e morte, não temerei perigo algum, pois tu estás comigo; a t
e o teu cajado me protegem. Preparas um banquete para min
ta dos meus inimigos. Tu me honras, ungindo a minha cabeç
óleo e fazendo transbordar o meu cálice. Sei que a bondade e a fi
lidade me acompanharão todos os dias da minha vida, e voltarei à casa do SENHOR enquanto eu viver".

MENSAGEM

MINISTRO: Nessa passagem maravilhosa, Deus se apresenta a nós como o nosso Pastor. Ele nos oferece descanso para confortar a nossa alma, especialmente em momentos como este, quando cruzamos o vale da sombra da morte.

A realidade é que todos os seres humanos se lembram de Deus muito mais nos momentos de dor e de perda que nos momentos felizes. A maioria das pessoas não busca Deus quando está no auge, quando a vida lhes sorri ou quando tudo vai bem. Quando, porém, passam por vales, aí correm para ele. Quando temos de atravessar o vale da morte, da perda de um ente querido, é premente a necessidade de buscá-lo, porque a morte nos confronta. Ela nos confronta com a dor, com a ausência e com a perda.

No entanto, o maravilhoso nisso tudo é que Deus não nos censura por não o termos procurado quando estávamos "por cima". Em vez disso, ele se oferece para estar conosco no vale e nos dar seu alento.

"Mesmo quando eu andar por um vale de trevas e morte, não temerei perigo algum, pois tu estás comigo; a tua vara e o teu cajado me protegem." Neste momento de dor, devemos sentir sua presença, seu cuidado pastoral e seu alento.

a família, não passem por este vale de dor sem a presença do Senhor. Só ele pode lhes dar conforto, força e ânimo neste momento.

No entanto, a morte nos confronta com o nosso vazio, com a falta de sentido na vida. Isso nos obriga a repensar se queremos viver, de agora em diante, da mesma forma que vivemos até aqui. No entanto, o Senhor nos oferece uma vida abundante, como uma mesa bem servida: "Preparas um banquete para mim".

Sim, podemos viver os próximos anos aqui na terra ao máximo se tivermos Jesus Cristo não como uma doutrina, mas como o nosso Senhor e Salvador. Então, poderemos viver a vida em plenitude, como uma taça transbordando de alegria e de significado, pois ele faz "transbordar o meu cálice".

Se permitirmos que Deus seja o nosso pastor, embora deste lado da eternidade enfrentando dificuldades e limitações, iremos constatar, sem sombra de dúvida, que "a bondade e a fidelidade me acompanharão todos os dias da minha vida".

A morte também nos confronta com a nossa finitude. A vida passa rápido e nos confronta com a nossa morte. No entanto, hoje todos nós podemos definir o nosso destino eterno. Porque a Bíblia diz que, se entregarmos a nossa vida a Jesus Cristo e o recebermos como o nosso Senhor e Salvador, teremos a vida eterna. Então, poderemos viver o resto da vida com uma certeza: "Voltarei à casa do Senhor enquanto eu viver".

Não percamos a oportunidade, em primeiro lugar, de receber conforto neste momento de dor e, em segundo lugar, de experimentar uma vida abundante e gratificante aqui na terra nos dias que temos pela frente. Não percamos a oportunidade de experimentar sua bênção e sua misericórdia todos os dias da nossa vida e a certeza de que viveremos por toda a eternidade na presença de Deus desfrutando todas as suas bênçãos. Se entregarmos a nossa vida a Jesus Cristo hoje, a morte não será capaz de roubar nada disso de nós; teremos a experiência do Senhor como Pastor, e nada, absolutamente nada na terra ou na outra vida irá nos faltar.

ORAÇÃO

MINISTRO: Senhor, pedimos agora a tua consolação, a tua força e o teu alento para todos os que aqui estão passando pelo vale da sombra da morte, pela perda de .... (nome do falecido). Que a tua presença venha suprir sobrenaturalmente a ausência de seu ente querido neste momento. Também te pedimos, Senhor, que sejas o nosso Pastor, o nosso Senhor e o nosso Salvador. Pedimos o teu perdão pelos nossos pecados e entregamos a nossa vida a ti. Agora, pela fé, recebemos vida plena aqui e agora e por toda a eternidade. Entra no nosso coração, Jesus! Nós te recebemos. Amém.

BÊNÇÃO PASTORAL

MINISTRO: A todos os presentes que precisam de uma oração ou de uma conversa pessoal, estou aqui para servir-lhes. Da mesma forma, a nossa congregação é a casa de vocês, e os convidamos a que se unam a nós no próximo domingo, para participarem do culto, às ...... horas, no nosso templo, na............................. (endereço). Estamos aqui para atendê-los em tudo que precisarem.

Encerramos aqui com a bênção de Deus: que a graça, a misericórdia e a paz do nosso Senhor Jesus Cristo estejam com todos vocês agora e sempre. Amém.

CAPÍTULO 16

CERIMÔNIA DE ORDENAÇÃO DE PASTORES

A ordenação de um pastor é um acontecimento histórico na vida da congregação. É parte do crescimento saudável da igreja. Poder ela mesma designar um filho para a tarefa pastoral é indício de uma congregação saudável que se reproduz não só ganhando pessoas para Cristo, mas também gerando líderes — nesse caso, pastores.

Não há uma prática comum nas igrejas sobre como constituir novos pastores. Em algumas congregações, os pastores surgem do que se denomina presbitério, e o processo consiste em convocar pastores da mesma igreja ou denominação para examinar o candidato e verificar se ele está em condições de ser ordenado pastor. Em outras congregações, o processo de avaliação e ordenação é mais local por natureza, e o pastor principal é o responsável pelo processo. Em congregações com eclesiologias diferentes, a decisão e o reconhecimento partem da própria igreja.

No entanto, o processo de reconhecimento, avaliação e decisão de constituir um novo pastor converge em um culto especial de ordenação do candidato ao pastorado. A despeito das diferenças eclesiológicas, iremos sugerir aqui um tipo de cerimônia.

A CERIMÔNIA

- Momento de adoração
- Explicação do ato

MINISTRO: A ordenação de um pastor é principalmente um ato de reconhecimento. Em primeiro lugar, de reconhecimento do que Deus já fez. Não estamos tomando a iniciativa, mas apenas reconhecendo o que Deus determinou antes da fundação do mundo. É o reconhecimento do chamado de Deus.

Deus já havia escolhido, eleito .... (nome do irmão que será ordenado pastor) para o ministério pastoral.

Agora consolidamos aqui na terra o que Deus estabeleceu nos lugares celestiais e atualizamos o que ele determinou antes da fundação do mundo para este momento.

Em segundo lugar, é um ato de reconhecimento dos dons que Deus concedeu ao nosso irmão. Deus o equipou para a tarefa com tudo de que ele precisa para cumprir o ministério para o qual Deus o designou, com todas as bênçãos e para abençoar a todos nós com seu ministério.

Em terceiro lugar, esse ato é uma manifestação de que os seus colegas de ministério, ou seja, os demais pastores, reconhecem o chamado existente na vida do candidato. Depois de passarem por uma reunião de presbitério, os pastores presentes durante esse tempo confirmaram o chamado de Deus e as condições para que o nosso irmão seja reconhecido como pastor.

Em quarto lugar, é um ato de oficialização do reconhecimento mais importante, que é o da igreja, também ocorrido muito tempo antes. É por esse motivo que estamos aqui hoje, porque a igreja viu no nosso irmão o chamado, o amor, a atitude de serviço, os dons e o testemunho de vida e de família que sustentam seu ministério pastoral. Ele não está começando a pastorear hoje, porque a igreja tem sido pastoreada pelo nosso irmão há muito tempo. No entanto, é um procedimento importante, porque agora formalizamos esse reconhecimento já existente e evidente.

- Leitura bíblica

MINISTRO: O apóstolo Paulo escreveu uma carta a um jovem pastor e, depois de se apresentar, revela o destinatário: "A Tito, meu verdadeiro filho em nossa fé comum: Graça e paz da parte de Deus Pai e de Cristo Jesus, nosso Salvador. A razão de tê-lo deixado em Creta foi para que você pusesse em ordem o que ainda faltava e constituísse presbíteros em cada cidade, como eu o instruí. É preciso que o presbítero seja irrepreensível, marido de uma só mulher e tenha filhos crentes que não sejam acusados de libertinagem ou de insubmissão. Por ser encarregado da obra de Deus, é necessário que o bispo seja irrepreensível: não orgulhoso, não briguento, não apegado ao vinho, não violento, nem ávido por lucro desonesto. Ao contrário, é preciso que ele seja hospitaleiro, amigo do bem, sensato, justo, consagrado, tenha domínio próprio e apegue-se firmemente à mensagem fiel, da maneira pela qual foi ensinada, para que seja capaz de encorajar outros pela sã doutrina e de refutar os que se opõem a ela".

- Mensagem

MINISTRO: Ser pastor consiste em ser um instrumento da paternidade de Deus para o povo. .... (nome do irmão que será ordenado pastor), neste dia em que o ordenamos ao ministério pastoral, reconhecemos que há em você uma paternidade espiritual, que se manifestará dia a dia na vida da igreja.

Assim, não é por acaso que Paulo, ao dar instruções ao jovem pastor Tito, o chame "filho". Ou seja, Paulo assumira uma paternidade espiritual sobre ele, mas ao mesmo tempo lhe diz: "Graça e paz da parte de Deus Pai". Ou seja: "Da mesma forma que Deus é nosso Pai e que eu, Paulo, sou seu pai espiritual, quero que você seja pai das pessoas".

Ser pai significa amar, disciplinar, liberar potencial, ensinar, orientar. Deus chamou você para amar o povo, mas esse amor, para ser equilibrado e saudável, deve primeiramente estar orientado para Deus. O seu primeiro amor é Deus. Ao se apresentar, Paulo se autodenomina prisioneiro de Cristo. O povo quer nos fazer prisioneiros, sem perceber que o pastor que gera codependência com as pessoas não liberta, não cura nem pastoreia.

Portanto, a sua primeira busca tem de ser Deus. Torne-se prisioneiro de Deus. Nele está a sua fonte, o seu modelo, a sua direção. Por isso, a primeira coisa que Paulo deseja para Tito é a graça, depois a misericórdia e, por fim, a paz. Quando buscamos Deus em primeiro lugar, recebemos sua graça e podemos expressar misericórdia aos outros; como resultado, viveremos em paz, sem nos sentirmos forçados, manipulados, em falta ou culpados com relação às demandas do povo. Podemos dar amor e misericórdia, mas em paz, porque temos a graça de Deus.

Desse modo, alimentado por Deus, você terá o que dar e amará de maneira saudável. Deus deseja manifestar sua paternidade na vida do ser humano e faz isso por meio de seus servos. Foi por isso que ele impôs todos esses requisitos: para que você seja o pai daqueles que precisam da paternidade e para que, uma vez que experimentem por meio de sua paternidade a cura para a vida, possam ser vinculados à paternidade perfeita, que é de Deus. Esta é a encarnação. A partir de hoje, assuma o seu papel de pai.

Ser pai também significa disciplinar. Disciplinar significa fazer do outro um discípulo para o resto da vida. Isso tem vários significados. Um deles é que ser pai significa desatar o potencial das pessoas, reconhecer o que Deus colocou em cada um e liberá-lo por meio da palavra. Por isso, querido .... (nome do irmão que será ordenado pastor), Deus lhe deu o dom profético. Use esse dom. Liberte o que está preso, libere o que permanece aprisionado nas pessoas, ative os dons de cada um em favor do Reino de Deus!

Disciplinar como pai também significa corrigir. Você é um homem brilhante, carismático, cheio de dons. Você tem um coração precioso, de acordo com o coração de Deus. É por isso que as pessoas o amam, porque se sentem amadas por você e percebem sua bondade. No entanto, ser pai significa de vez em quando corrigir, estabelecer limites, chamar a atenção e demonstrar firmeza. Quando alguém se desviar do que Deus diz e quer, não hesite, como disse Paulo a Tito: "A razão de tê-lo deixado em Creta foi para que você pusesse em ordem o que ainda faltava".

Depois o apóstolo diz com mais veemência: "Repreenda-os severamente, para que sejam sadios na fé" (v. 13). Como você deseja que o povo seja saudável na fé, isso implicará, em alguns casos, corrigir, repreender e exercer de maneira saudável a autoridade que hoje, como igreja, reconhecemos e delegamos a você.

Ser pai significa disciplinar, e disciplinar significa fazer discípulos. Ensine tudo que você sabe e aprenda, para ter mais o que ensinar. É por isso que Paulo, ao confiar a Tito a tarefa da paternidade espiritual sobre o povo de Creta, primeiramente lhe diz que ele é seu filho. Assim, mantenha a atitude de filho para ser um bom pai. Porque na igreja e no ministério, como na vida, a paternidade é aprendida de um pai. Mantenha-se humilde para continuar aprendendo, a fim de que tenha mais a ensinar a cada dia. É por isso que Paulo afirma que o pastor deve se apegar "firmemente à mensagem fiel, da maneira pela qual foi ensinada, para que seja capaz de encorajar outros pela sã doutrina e de refutar os que se opõem a ela".

Para exortar com um ensino saudável, você precisa reter o ensino que lhe damos e aprender mais a cada dia.

O ensino começa com o exemplo. O seu exemplo será o melhor ensino. O seu exemplo de vida, o seu exemplo de família, o seu exemplo ético, bem como o seu exemplo ministerial. Porque Paulo queria que Tito "pusesse em ordem o que ainda faltava e constituísse presbíteros em cada cidade". Porque Deus quer e exige de cada um de nós não só que executemos bem a nossa tarefa, mas que nos multipliquemos nos outros. Até agora, você viu os nossos adolescentes e jovens como futuros líderes da igreja, mas também começará a ver em alguns deles os próximos pastores — os seus filhos ministeriais.

Ser pai é ser amoroso, é disciplinar, é se reproduzir e liderar com autoridade. Entendemos que há pelo menos seis níveis de autoridade no ministério:

- Primeiro: antes de tudo, a autoridade vem de Deus, que o chamou para o ministério.
- Segundo: a autoridade vem da igreja, que hoje reconhece o chamado de Deus na sua vida.
- Terceiro: a autoridade existe quando você está sujeito à autoridade, quando se submete aos seus pastores.
- Quarto: a autoridade provém da sua vida, que apoiará o seu ministério com santidade, sendo "irrepreensível: não orgulhoso, não briguento, não apegado ao vinho, não violento, nem ávido por lucro desonesto. Ao contrário, é preciso que [você] seja hospitaleiro, amigo do bem, sensato, justo, consagrado, tenha domínio próprio".
- Quinto: a sua autoridade provém das suas palavras e ações que estejam fundamentadas na Bíblia, por isso "apegue-se firmemente à mensagem fiel".
- Sexto: a sua autoridade provém também da sua família. Porque Paulo escreve a outro jovem pastor chamado Timóteo: "Se alguém não sabe governar sua própria família, como poderá cuidar da igreja de Deus?".

Ou seja, a autoridade governante em uma igreja provém de saber governar bem a própria família. Isso diz respeito à prioridade de Deus: primeiro a sua casa e depois a igreja. Se você não administrar bem a sua casa, não poderá cuidar da igreja de Deus.

O paralelo é óbvio. Governar significa cuidar da sua esposa e dos seus filhos. É o que lhe dará autoridade no ministério, por isso Paulo diz a Tito que o pastor deve ser "irrepreensível, marido de uma só mulher e tenha filhos crentes que não sejam acusados de libertinagem ou de insubmissão".

"Irrepreensível": que ninguém tenha motivos para repreendê-lo pela maneira de cuidar da esposa e dos filhos. Você tem de ser marido de uma só mulher. Ou seja, o amor exclusivo que a sua esposa merece de você não pode ser dividido nem mesmo com a igreja. Primeiro Deus, depois a sua esposa, depois os filhos e, em seguida, a igreja.

Você não é marido da igreja, porque o marido da igreja é Cristo. A única esposa que você tem é .... (nome da esposa). Isso requer um nível muito alto de responsabilidade da sua parte, mas é a garantia de que a sua esposa sempre apoiará o seu ministério.

Você tem a responsabilidade de dar à sua esposa o primeiro lugar depois de Deus. Quanto a você, ... (nome da esposa do irmão que será ordenado pastor), apoie o seu marido no ministério para o qual foi chamado. Ele não escolheu ser pastor; foi escolhido por Deus para ser pastor. Se em algum momento você se opuser a isso, estará se opondo ao que Deus decidiu. Entregue o seu marido a Deus pelo ministério, pois Deus não é devedor a ninguém. Ele o devolverá como o melhor marido que você pode ter. Por isso, você deve entregá-lo a Deus com alegria. Não com resignação, mas com alegria. Porque Deus ama quem dá com alegria.

Querido .... (nome do irmão que será ordenado pastor), ao exercer a sua paternidade ministerial, não se esqueça de que você é pai dos filhos biológicos antes de ser pai dos filhos espirituais. Paulo diz que o pastor deve ter filhos crentes que não sejam acusados de dissolução nem de rebeldia. Muitos filhos de pastores não são crentes, outros vivem uma vida dissoluta e outros, ainda, são rebeldes. A rebelião é resultado da rejeição, e muitos filhos de pastores sentem que o pai tem tempo para todos na igreja, exceto para os filhos. Eles são filhos da tristeza.

Quando Jacó e Raquel tiveram um filho, ela o chamou Benoni ("filho da tristeza"). Jacó, porém, mudou o nome do menino para Benjamim ("filho da mão direita"). Querido .... (nome do irmão que será ordenado pastor), se você não quer que os seus filhos sejam rebeldes, dissolutos ou perdidos; se você não quer que eles sejam filhos da tristeza, que sejam sempre filhos da mão direita, eles devem ser a sua prioridade. O ministério lhe dará a alegria e a glória de ter muitos filhos espirituais, mas serão filhos da mão esquerda, embora amados e bem cuidados. No entanto, os filhos da mão direita, os que desfrutam o seu melhor tempo de qualidade, a sua melhor atenção, o seu maior amor e a sua prioridade serão os filhos biológicos. Primeiro Deus, depois a sua esposa, depois os filhos e, em seguida, a igreja e os filhos espirituais.

Para esta igreja e para mim, é um privilégio hoje separar você para o ministério pastoral, transmitir-lhe o que Deus nos deu e anunciar que Deus faz surgir em você um servo maravilhoso a ser usado em sua obra e que abençoará a nossa congregação de maneira extraordinária.

Nós o amamos e o reconhecemos. Queremos servir-lhe e sempre abençoar a sua vida. Portanto, iremos ordená-lo agora, com os pastores presentes.

- Ordenação

O pastor convida os pastores ordenados presentes a que passem à frente. O candidato a ser ordenado pastor também se apresenta e se ajoelha, cercado pelos demais pastores, que irão impor as mãos nele.

Os pastores farão uso do microfone, e cada um pronunciará uma breve oração ou uma palavra profética de transmissão.

O pastor presidente da igreja encerrará com uma oração.

- Palavra do novo pastor
- Momento de adoração
- Bênção pastoral sobre toda a igreja pronunciada pelo novo pastor
- Despedida

PARTE III

O ministro

Procure apresentar-se a Deus aprovado, como obreiro
que não tem do que se envergonhar e que maneja
corretamente a palavra da verdade.

2TIMÓTEO 2.15

CAPÍTULO 17

O PASTOR E SEU RELACIONAME COM DEUS E COM A FAMÍLI

Marshall McLuhan, pai da ciência da comunicação, diz mensagem é o mensageiro. No entanto, 20 séculos an Espírito Santo já havia inspirado o apóstolo Paulo a nos fala importância da vida do mensageiro.

Queremos encerrar este *Manual* afirmando que todas as ferramentas e sugestões que incluímos neste livro estão subordinadas a algo muito mais importante, que é a sua vida, caro leitor e querido ministro do Senhor.

> Será que com isso estamos começando a nos recomendar a nós mesmos novamente? Será que precisamos, como alguns, de cartas de recomendação para vocês ou da parte de vocês? Vocês mesmos são a nossa carta, escrita em nosso coração, conhecida e lida por todos. Vocês demonstram que são uma carta de Cristo, resultado do nosso ministério, escrita não com tinta, mas com o Espírito do Deus vivo; não em tábuas de pedra, mas em tábuas de corações humanos.
>
> Tal é a confiança que temos diante de Deus, por meio de Cristo. Não que possamos reivindicar qualquer coisa com base em nossos próprios méritos, mas a nossa capacidade vem de Deus. Ele nos capacitou para sermos ministros de uma nova aliança, não da letra, mas do Espírito; pois a letra mata, mas o Espírito vivifica.
>
> O ministério que trouxe a morte foi gravado com letras em pedras; mas esse ministério veio com tal glória que os israelitas não podiam fixar os olhos na face de Moisés, por causa do resplendor do seu rosto, ainda que desvanecente. Não será o ministério do Espírito ainda muito mais glorioso? Se era glorioso o ministério que trouxe condenação, quanto mais glorioso será o ministério que produz justificação! Pois o que outrora foi glorioso, agora não tem glória, em comparação com a glória insuperável.

:, se o que estava se desvanecendo se manifestou com glória, anto maior será a glória do que permanece!

Portanto, visto que temos tal esperança, mostramos muita confiança. Não somos como Moisés, que colocava um véu sobre a face para que os israelitas não contemplassem o resplendor que se desvanecia. Na verdade a mente deles se fechou, pois até hoje o mesmo véu permanece quando é lida a antiga aliança. Não foi retirado, porque é somente em Cristo que ele é removido. De fato, até o dia de hoje, quando Moisés é lido, um véu cobre os seus corações. Mas, quando alguém se converte ao Senhor, o véu é retirado. Ora, o Senhor é o Espírito e onde está o Espírito do Senhor ali há liberdade. E todos nós, que com a face descoberta contemplamos a glória do Senhor, segundo a sua imagem estamos sendo transformados com glória cada vez maior, a qual vem do Senhor, que é o Espírito. (2Coríntios 3.1-18)

O texto chama a atenção para o fato de que, antes que alguém possa receber a mensagem que você prega, ele já recebeu outra. E essa mensagem é a sua vida. Paulo diz que somos cartas escritas que o povo lê. A vida humana é essencialmente relacional. Portanto, estão escritas nessas cartas as relações essenciais da sua vida, que refletem a sua personalidade e lhe dão ou não autoridade quando se trata de se apresentar como servo de Deus diante dele e do povo.

RELACIONAMENTO COM DEUS

Provavelmente, uma pergunta prioritária a ser feita é se o nosso relacionamento pessoal com Deus é proporcional ao que esperamos obter no nosso ministério. Ou seja, todos esperamos que Deus nos use para abençoar as pessoas, que possamos ver milagres e ser usados para que esses milagres aconteçam, que a congregação cresça integralmente e que nos sintamos felizes por estar no ministério.

São expectativas que todos nós compartilhamos, certo? Contudo, temos de reconhecer duas coisas com relação a essas expectativas. A primeira é que são muito altas. Não se trata de coisas pequenas ou insignificantes. São expectativas importantes. Queremos ser canais de bênção para as pessoas e instrumentos para que milagres e sinais manifestem o Reino de Deus. Desejamos crescimento integral em tudo que fizermos, realização e plena satisfação com o nosso ministério — altas expectativas.

Outra coisa com relação às nossas expectativas é esperamos depende em grande parte da ação de Deus do que mos, a qual é canalizada por meio de nós, ou seja, tudo sabe-ramos depende em grande parte de um relacionamento be-florescente e crescente com Deus.

Portanto, ao considerar o nosso ministério e afirma mais as nossas expectativas, não podemos deixar de levar ta se o nosso relacionamento com Deus permite que tai aconteçam, ou seja, que as nossas expectativas sejam ate Porque, se temos grandes expectativas, mas não lançamos as para que elas se concretizem, tudo que nos espera é a frustraç

Voltemos à citação de McLuhan quando afirma que a men sagem é o mensageiro. Claro que a mensagem é Jesus Cristo e seu evangelho. Muitas vezes, porém, ouvimos a frase: "Os seus atos falam tão alto que não consigo ouvir as suas palavras". Claro, porque a mensagem é o mensageiro. Paulo diz aos coríntios que eles eram cartas escritas em seu coração, cartas de Cristo que o povo podia ler. Isso nos fala da importância de quem somos. E quem somos? Somos mensageiros, mas somos mensagens.

O salmista afirma que nos tornamos como aquele a quem adoramos. Na verdade, essa é a bênção principal da comunhão com Deus. Deus não precisa que o adoremos: nós é que precisamos adorá-lo. Deus não é um ser egocêntrico que precise que lhe digamos o tempo todo quanto o amamos. Deus não é um marido inseguro que precise ficar ouvindo de sua noiva, a igreja, como ele é bonito, quanto ela o ama, e assim por diante.

Somos nós que precisamos adorá-lo, porque, ao fazê-lo, nos tornamos semelhantes a ele porque, quando passamos tempo em comunhão com Deus, contemplando "com a face descoberta [...] a glória do Senhor, segundo a sua imagem estamos sendo transformados com glória cada vez maior, a qual vem do Senhor, que é o Espírito".

Não é Deus quem muda. Ele diz que nós é que mudamos à imagem dele. Ou seja, tornamo-nos a imagem de Deus. Portanto, é a santidade dele que vai se impregnando em nós. É o poder dele que vai nos contagiando. É a sabedoria dele que nos penetra. Isso é extraordinário! Estamos nos tornando uma imagem de Deus, um ícone divino. A palavra "imagem" usada por Paulo é na verdade a palavra "ícone".

ɹdo abrimos o computador, vemos na tela muitos ícones. ɹenos desenhos, emblemas que representam programas, ɹord, PowerPoint e Excel. No entanto, esses ícones não são ɹgramas em si, mas representações deles. Para acessar um ɹrama, você deve clicar no ícone correspondente.

A nossa comunhão com Deus torna-nos seus ícones. Desse ɹodo, o povo pode ver Deus, seu amor, seu poder ou sua santidade ɹo olhar para nós, ícones de Deus. Ou seja, quando alguém "clica" em nós, consegue perceber o amor, o poder e a santidade de Deus. É dessa maneira que somos cartas conhecidas e lidas por todos. O processo é contínuo, pois somos transformados de glória em glória, pela ação do Espírito Santo.

Provavelmente, a maioria de nós tem de confessar que as nossas expectativas com relação ao que desejamos ver Deus realizar por nosso intermédio são absolutamente desproporcionais ao tempo que passamos com ele. Sabemos que isso é pela graça de Deus, não por obras. No entanto, é exatamente por isso que devemos ponderar sobre o nosso relacionamento com Deus. Porque não podemos "reivindicar qualquer coisa com base em nossos próprios méritos, mas a nossa capacidade vem de Deus".

O povo viu o rosto de Moisés brilhando porque ele tinha estado na presença de Deus. O relato de Êxodo informa que o motivo do uso do véu era o reflexo da glória de Deus. No entanto, Paulo aqui afirma que a razão pela qual Moisés estava usando o véu era que a glória estava desaparecendo: "Não somos como Moisés, que colocava um véu sobre a face para que os israelitas não contemplassem o resplendor que se desvanecia".

Estaremos usando véu para que o povo não veja o brilho se apagando? Não é nossa pretensão acusar; ao contrário, o nosso desejo é que possamos fazer as mudanças necessárias — mudando a nossa agenda, que, de tão cheia, não sobra tempo para Deus.

A nossa agenda é como um véu. As pessoas pensam: "Que ministério importante tem fulano de tal!". No entanto, não é porque veem a glória de Deus quando ele ministra, e sim por perceber que ele está envolvido em muitas atividades. No entanto, a nossa capacidade provém de Deus, daí a necessidade de fazer mudanças. Precisamos deixar de ser prisioneiros do povo e da nossa agenda para poder declarar como o apóstolo: “ Paulo, prisioneiro de Cristo”.

Se você se reconhece como uma pessoa indisciplinad rários e no gerenciamento do tempo, terá de mudar e se ap- plinar. Há pastores que não têm a agenda cheia, mas não r um relacionamento abundante com Deus. Eles não são pri ros de Cristo nem de pessoas ou de atividades: são prisionei própria desordem.

No entanto, os disciplinados também podem estar precis de mudanças. Porque às vezes as nossas disciplinas devocio são véus. Elas nos deixam tranquilos, mas não nos vivificam. Na há palavra nova, não há poder, não há mudança na nossa vida, não há glória.

O motivo é que a glória vem de estar com Deus. Houve duas ocasiões em que Moisés não usou véu: quando estava na presença de Deus e quando simplesmente deixou de estar com Deus para estar no meio do povo. Em seguida, tornava a colocar o véu, porque a glória começava a desvanecer.

Contudo, temos a maravilhosa promessa de que podemos ser transformados de glória em glória, você e eu, nos ícones de Deus.

RELACIONAMENTO COM A FAMÍLIA

O segundo relacionamento que devemos considerar é o relacionamento com a família.

Se as pessoas olham para nós como cartas de Cristo, o que leem quando olham para a nossa família?

Se somos ícones de Deus, a nossa família é um ícone da igreja. É por isso que Paulo argumenta: “Se alguém não sabe governar sua própria família, como poderá cuidar da igreja de Deus?”. O verbo “governar” é *proístemi* no grego e significa “presidir”, “estar à frente”, “ser protetor ou guardião”, “ajudar”, “cuidar”, “dar atenção a”.

Portanto, governar a casa quer dizer presidi-la, ser protetor, ajudar, cuidar e dar atenção. Não se trata de mandar ou de exigir sujeição em troca de nada. Como em todas as áreas, a autoridade não é imposta, mas reconhecida. Se alguém dá atenção, cuida, ajuda, protege, age como guardião e se põe à frente, naturalmente receberá a submissão de outros.

ıa esposa se sente protegida por você, ou é ela quem paga ıos os pratos quebrados no seu relacionamento com a igre- sua esposa e os seus filhos se sentem cuidados por você, ou tem tempo para tudo e para todos, exceto para eles?

Isso é algo que devemos considerar. É triste quando recebemos notícia do divórcio de um homem de Deus. O povo começa a indagar: "Como foi? O que aconteceu? Quando as coisas começaram a mudar?". A esposa de um pastor dos Estados Unidos, ao saber o que aconteceu com outro proeminente servo de Deus, cujo ministério era centrado em sua intimidade com Deus, questionou: "Como é que um homem cuja força é a intimidade do relacionamento negligenciou o relacionamento com a pessoa mais íntima, sua esposa?".

O pastor John Piper, proeminente pregador, certa vez anunciou à igreja: "Irmãos, tomei a decisão de me disciplinar por oito meses, nos quais não irei ministrar. Não há causa moral me impedindo, mas estou precisando lidar com algumas coisas na minha personalidade, as quais devo superar". Em seguida, dirigindo-se à esposa sentada na primeira fila, declarou: "Minha querida, quero lhe dizer que você é mais importante do que o meu ministério".

Infelizmente, muitos pastores estão cientes de seus problemas conjugais e familiares e continuam postergando a situação, na esperança de que um dia as coisas melhorem. No entanto, nada irá acontecer, ou melhor, é muito provável que ocorra um desastre. Um dia, eles perceberão que seu mundo desmoronou. Por favor, estimado servo que está lendo este *Manual*: se esta for a sua situação, acorde! Faça uma avaliação profunda da sua vida familiar e peça ajuda. Dê toda prioridade a isso. Após o seu relacionamento com Deus, isso é o mais importante. Porque a Bíblia assim afirma. Se você não administrar bem a própria casa, não poderá pastorear a igreja!

Ainda há tempo, e Deus vai ajudar você.. A grande mentira é pensar que determinadas coisas não têm solução. Não há nada impossível para Deus. No entanto, ele irá requerer a sua determinação.

CAPÍTULO 18

O PASTOR E SEU RELACIONAMENTO COM A IGREJA E COM OS LÍDERES

No capítulo anterior, analisamos os dois relacionamentos mais importantes que o pastor deve cultivar: com Deus e com a família. Neste capítulo, analisaremos outros relacionamentos que definem a vida pastoral e o ministério.

RELACIONAMENTO COM A IGREJA

No que consiste a glória de um ministro? No lugar onde ele se apresenta, onde mostra sua competência e seu sucesso ministerial? No fato de aparecer na mídia? Nos estádios que consegue superlotar? Nos números?

Damos graças a Deus pelo crescimento numérico, quando um ministro enche um estádio com a pregação de Cristo ou quando alcança a mídia cristã ou secular. Tudo isso é muito bom, mas quais são de fato suas credenciais ministeriais, sua carta de recomendação como ministro competente?

Paulo diz aos coríntios: "Vocês precisam mesmo que eu lhes fale das minhas credenciais, do que realizei no ministério, para que saibam que sou apóstolo do Senhor? Mas essas não são as minhas credenciais: as minhas cartas de recomendação são vocês. É a vida de vocês que mostra se estou fazendo um bom trabalho como servo de Deus".

A vida do seu povo é a sua carta de recomendação, a sua credencial ministerial. Não é aparecer na mídia nem o número pequeno ou grande de pessoas. O que conta, diz Paulo, é a vida do povo. Mostre-me como o seu povo vive, e direi se você é um pastor recomendável, um ministro competente.

Ao analisar o relacionamento do pastor com a igreja, não podemos ignorar as pessoas. Porque a igreja é o povo. Portanto, como finalmente todos nós teremos de comparecer diante de Deus para ver como edificamos, temos de ponderar seriamente e avaliar o produto final do nosso ministério, que são as pessoas, porque o estado do povo revelará a capacidade do seu ministério.

Há nas nossas congregações ministérios e comissões de todo tipo, mas falta o departamento de controle de qualidade. Que espécie de cristãos estamos gerando? Qual o resultado do nosso ministério? Porque esta é a nossa carta de apresentação e de recomendação.

Quando perdemos esse fato de vista, passamos a procurar outros indicadores de competência ministerial que não são bíblicos, orientados por padrões mundanos de sucesso, e nos esquecemos do que importa para Deus. O resultado é que hoje temos uma igreja que não é uma alternativa para o mundo, porque não é diferente do mundo. Não é uma comunidade alternativa, tampouco uma comunidade capaz de alterar e transformar a realidade.

Não podemos ir contra os espíritos deste mundo com os mesmos espíritos dentro de nós. O veículo escolhido por Deus para a transformação da realidade é a igreja. No entanto, não podemos transformar a realidade de uma nação quando os mesmos males que vemos na nação estão na igreja.

Portanto, ao considerar a igreja, não podemos ignorar o controle de qualidade. Na Bíblia, quantidade e qualidade não são opostas. Há três características importantes para Deus com relação à igreja: unidade, qualidade e quantidade. Portanto, qualidade e quantidade não podem ser antagônicas.

Nos últimos anos, temos nos preocupado apenas com a quantidade. Isso tem sido bom, mas há desequilíbrio. O problema não é a quantidade, mas a falta de foco na qualidade. Assim, hoje somos em grande número no continente, embora incapazes de transformar o país do qual fazemos parte.

Como resultado dessa ênfase exclusiva nos números e da negligência com a qualidade, instalamos nos nossos ministérios uma perigosa inversão de papéis. No passado, os pastores trabalhavam como podiam reproduzindo o que viam fazer, sem saber o que era ter uma visão para o ministério e para a igreja. Hoje, graças a Deus, sabemos da importância essencial de ter uma visão. Contudo, desenvolvemos modelos ministeriais nos quais todos trabalham pela visão pastoral.

Desse modo, o que estamos vendo em toda a América Latina é que, quando essa visão é bem-sucedida, os anos vão passando e o único que alcançou a plena realização, que prosperou economicamente, foi o pastor. E está tudo bem. Em contrapartida, porém, vemos um povo frustrado em sua vocação ou em seu chamado, empobrecido economicamente e insatisfeito com a vida. Ou seja, todos trabalharam para o pastor, mas o pastor não trabalhou para eles, para que alcançassem realização na vida, prosperassem, crescessem, avançassem e se tornassem de fato cabeça, não cauda.

Portanto, quando se avalia esse ministério e alguém pergunta: "É bem-sucedido?", temos problemas para responder. Imagine assim: Paulo é o encarregado dos recursos humanos do empreendimento celestial e precisa contratar um pastor. Então, vários de nós nos candidatamos, cada um apresentando seu histórico e enumerando suas conquistas. A resposta de Paulo será esta: "Muito bom tudo que você fez e o que conquistou. Sem dúvida, você está muito satisfeito no ministério. Mas agora preciso ver as suas cartas de recomendação. Mostre-me o estado do seu povo. Quero ver a vida das suas ovelhas, porque elas são as cartas que me falam do seu ministério".

Você sabe que um dos principais problemas é que a maior igreja em cada cidade é aquela que não congrega. Ou seja, os que não frequentam templos. O motivo é que as pessoas não veem benefício em frequentar as nossas igrejas, por causa desse modelo ministerial.

Cuidamos da vida delas nos primeiros meses, para que se convertam plenamente, mas depois deixamos de discipulá-los. Não os ensinamos a viver, não os ensinamos a ser felizes no casamento, não os ensinamos a educar os filhos, não os ensinamos a prosperar. Em vez de incentivar os filhos a se preparar, a ir para a faculdade, a buscar a excelência, nós os temos todos os dias tocando guitarra na igreja. Produzimos mentalidade mística ao fazê-los acreditar que tudo virá de Deus em vez de convencê-los de que precisam se associar a Deus para experimentar as transformações que desejam. Quando a mágica não funciona, eles ficam frustrados, e a fé diminui.

Desse modo, eles são obrigados a frequentar os cultos, a célula, a escola dominical e os retiros e ainda a ser mão de obra e fonte de recursos econômicos para fomentar a visão, só para descobrir no final que o único realizado, próspero e abençoado é o pastor.

Assim, quando analisam o custo-benefício, muitos deixam de congregar. É um erro muito grave. Se depois de tanta demanda de tempo, trabalho, assistência e dinheiro a vida deles estivesse florescendo, o casamento deles fosse modelo de felicidade, a situação econômica deles fosse boa e os filhos deles estivessem ocupando papéis de liderança na realidade, então teria valido a pena toda essa demanda. Só que, na maioria dos casos, isso não acontece.

A maioria dos pastores não faz assim por mal. Grande parte deles é capaz de dar a vida pelo povo, dar até o que não têm. Sacrificam até a própria família pela igreja. O que estou descrevendo é um modelo ministerial implantado no nosso continente, do qual devemos fugir.

A única razão de ser pastor são as ovelhas. Qualquer um de vocês que tivesse um rebanho de ovelhas contrataria um pastor para cuidar delas, não para que as ovelhas cuidassem do pastor.

Por isso, ao pensar no ministério pastoral, temos de fugir desse modelo, porque é muito sutil e nos atinge. Somos levados pelo mundo a adotar seus padrões de sucesso. Por isso, fujamos desse modelo, ao mesmo tempo que o denunciamos. A Palavra de Deus diz:

> Veio a mim esta palavra do Senhor: "Filho do homem, profetize contra os pastores de Israel; profetize e diga-lhes: Assim diz o Soberano, o Senhor: Ai dos pastores de Israel que só cuidam de si mesmos! Acaso os pastores não deveriam cuidar do rebanho? Vocês comem a coalhada, vestem-se de lã e abatem os melhores animais, mas não tomam conta do rebanho. Vocês não fortaleceram a fraca nem curaram a doente nem enfaixaram a ferida. Vocês não trouxeram de volta as desviadas nem procuraram

LEITURA BÍBLICA

MINISTRO: Sem dúvida, uma das passagens mais conhecidas da Bíblia é o salmo 23, que diz: "O SENHOR é o meu pastor; de nada terei falta. Em verdes pastagens me faz repousar e me conduz a águas tranquilas; restaura-me o vigor. Guia-me nas veredas da justiça por amor do seu nome. Mesmo quando eu andar por um vale de trevas e morte, não temerei perigo algum, pois tu estás comigo; a tua vara e o teu cajado me protegem. Preparas um banquete para mim à vista dos meus inimigos. Tu me honras, ungindo a minha cabeça com óleo e fazendo transbordar o meu cálice. Sei que a bondade e a fidelidade me acompanharão todos os dias da minha vida, e voltarei à casa do SENHOR enquanto eu viver".

MENSAGEM

MINISTRO: Nessa passagem maravilhosa, Deus se apresenta a nós como o nosso Pastor. Ele nos oferece descanso para confortar a nossa alma, especialmente em momentos como este, quando cruzamos o vale da sombra da morte.

A realidade é que todos os seres humanos se lembram de Deus muito mais nos momentos de dor e de perda que nos momentos felizes. A maioria das pessoas não busca Deus quando está no auge, quando a vida lhes sorri ou quando tudo vai bem. Quando, porém, passam por vales, aí correm para ele. Quando temos de atravessar o vale da morte, da perda de um ente querido, é premente a necessidade de buscá-lo, porque a morte nos confronta. Ela nos confronta com a dor, com a ausência e com a perda.

No entanto, o maravilhoso nisso tudo é que Deus não nos censura por não o termos procurado quando estávamos "por cima". Em vez disso, ele se oferece para estar conosco no vale e nos dar seu alento.

"Mesmo quando eu andar por um vale de trevas e morte, não temerei perigo algum, pois tu estás comigo; a tua vara e o teu cajado me protegem." Neste momento de dor, devemos sentir sua presença, seu cuidado pastoral e seu alento.

Querida família, não passem por este vale de dor sem a presença do Senhor. Só ele pode lhes dar conforto, força e ânimo neste momento.

No entanto, a morte nos confronta com o nosso vazio, com a falta de sentido na vida. Isso nos obriga a repensar se queremos viver, de agora em diante, da mesma forma que vivemos até aqui. No entanto, o Senhor nos oferece uma vida abundante, como uma mesa bem servida: "Preparas um banquete para mim".

Sim, podemos viver os próximos anos aqui na terra ao máximo se tivermos Jesus Cristo não como uma doutrina, mas como o nosso Senhor e Salvador. Então, poderemos viver a vida em plenitude, como uma taça transbordando de alegria e de significado, pois ele faz "transbordar o meu cálice".

Se permitirmos que Deus seja o nosso pastor, embora deste lado da eternidade enfrentando dificuldades e limitações, iremos constatar, sem sombra de dúvida, que "a bondade e a fidelidade me acompanharão todos os dias da minha vida".

A morte também nos confronta com a nossa finitude. A vida passa rápido e nos confronta com a nossa morte. No entanto, hoje todos nós podemos definir o nosso destino eterno. Porque a Bíblia diz que, se entregarmos a nossa vida a Jesus Cristo e o recebermos como o nosso Senhor e Salvador, teremos a vida eterna. Então, poderemos viver o resto da vida com uma certeza: "Voltarei à casa do SENHOR enquanto eu viver".

Não percamos a oportunidade, em primeiro lugar, de receber conforto neste momento de dor e, em segundo lugar, de experimentar uma vida abundante e gratificante aqui na terra nos dias que temos pela frente. Não percamos a oportunidade de experimentar sua bênção e sua misericórdia todos os dias da nossa vida e a certeza de que viveremos por toda a eternidade na presença de Deus desfrutando todas as suas bênçãos. Se entregarmos a nossa vida a Jesus Cristo hoje, a morte não será capaz de roubar nada disso de nós; teremos a experiência do Senhor como Pastor, e nada, absolutamente nada na terra ou na outra vida irá nos faltar.

CAPÍTULO 17

O PASTOR E SEU RELACIONAMENTO COM DEUS E COM A FAMÍLIA

Marshall McLuhan, pai da ciência da comunicação, diz que a mensagem é o mensageiro. No entanto, 20 séculos antes o Espírito Santo já havia inspirado o apóstolo Paulo a nos falar da importância da vida do mensageiro.

Queremos encerrar este *Manual* afirmando que todas as ferramentas e sugestões que incluímos neste livro estão subordinadas a algo muito mais importante, que é a sua vida, caro leitor e querido ministro do Senhor.

> Será que com isso estamos começando a nos recomendar a nós mesmos novamente? Será que precisamos, como alguns, de cartas de recomendação para vocês ou da parte de vocês? Vocês mesmos são a nossa carta, escrita em nosso coração, conhecida e lida por todos. Vocês demonstram que são uma carta de Cristo, resultado do nosso ministério, escrita não com tinta, mas com o Espírito do Deus vivo; não em tábuas de pedra, mas em tábuas de corações humanos.
>
> Tal é a confiança que temos diante de Deus, por meio de Cristo. Não que possamos reivindicar qualquer coisa com base em nossos próprios méritos, mas a nossa capacidade vem de Deus. Ele nos capacitou para sermos ministros de uma nova aliança, não da letra, mas do Espírito; pois a letra mata, mas o Espírito vivifica.
>
> O ministério que trouxe a morte foi gravado com letras em pedras; mas esse ministério veio com tal glória que os israelitas não podiam fixar os olhos na face de Moisés, por causa do resplendor do seu rosto, ainda que desvanecente. Não será o ministério do Espírito ainda muito mais glorioso? Se era glorioso o ministério que trouxe condenação, quanto mais glorioso será o ministério que produz justificação! Pois o que outrora foi glorioso, agora não tem glória, em comparação com a glória insuperável.

E, se o que estava se desvanecendo se manifestou com glória, quanto maior será a glória do que permanece!

Portanto, visto que temos tal esperança, mostramos muita confiança. Não somos como Moisés, que colocava um véu sobre a face para que os israelitas não contemplassem o resplendor que se desvanecia. Na verdade a mente deles se fechou, pois até hoje o mesmo véu permanece quando é lida a antiga aliança. Não foi retirado, porque é somente em Cristo que ele é removido. De fato, até o dia de hoje, quando Moisés é lido, um véu cobre os seus corações. Mas, quando alguém se converte ao Senhor, o véu é retirado. Ora, o Senhor é o Espírito e onde está o Espírito do Senhor ali há liberdade. E todos nós, que com a face descoberta contemplamos a glória do Senhor, segundo a sua imagem estamos sendo transformados com glória cada vez maior, a qual vem do Senhor, que é o Espírito. (2Coríntios 3.1-18)

O texto chama a atenção para o fato de que, antes que alguém possa receber a mensagem que você prega, ele já recebeu outra. E essa mensagem é a sua vida. Paulo diz que somos cartas escritas que o povo lê. A vida humana é essencialmente relacional. Portanto, estão escritas nessas cartas as relações essenciais da sua vida, que refletem a sua personalidade e lhe dão ou não autoridade quando se trata de se apresentar como servo de Deus diante dele e do povo.

RELACIONAMENTO COM DEUS

Provavelmente, uma pergunta prioritária a ser feita é se o nosso relacionamento pessoal com Deus é proporcional ao que esperamos obter no nosso ministério. Ou seja, todos esperamos que Deus nos use para abençoar as pessoas, que possamos ver milagres e ser usados para que esses milagres aconteçam, que a congregação cresça integralmente e que nos sintamos felizes por estar no ministério.

São expectativas que todos nós compartilhamos, certo? Contudo, temos de reconhecer duas coisas com relação a essas expectativas. A primeira é que são muito altas. Não se trata de coisas pequenas ou insignificantes. São expectativas importantes. Queremos ser canais de bênção para as pessoas e instrumentos para que milagres e sinais manifestem o Reino de Deus. Desejamos crescimento integral em tudo que fizermos, realização e plena satisfação com o nosso ministério — altas expectativas.

Outra coisa com relação às nossas expectativas é que tudo que esperamos depende em grande parte da ação de Deus, como sabemos, a qual é canalizada por meio de nós, ou seja, tudo que esperamos depende em grande parte de um relacionamento profundo, florescente e crescente com Deus.

Portanto, ao considerar o nosso ministério e afirmar uma vez mais as nossas expectativas, não podemos deixar de levar em conta se o nosso relacionamento com Deus permite que tais coisas aconteçam, ou seja, que as nossas expectativas sejam atendidas. Porque, se temos grandes expectativas, mas não lançamos as bases para que elas se concretizem, tudo que nos espera é a frustração.

Voltemos à citação de McLuhan quando afirma que a mensagem é o mensageiro. Claro que a mensagem é Jesus Cristo e seu evangelho. Muitas vezes, porém, ouvimos a frase: "Os seus atos falam tão alto que não consigo ouvir as suas palavras". Claro, porque a mensagem é o mensageiro. Paulo diz aos coríntios que eles eram cartas escritas em seu coração, cartas de Cristo que o povo podia ler. Isso nos fala da importância de quem somos. E quem somos? Somos mensageiros, mas somos mensagens.

O salmista afirma que nos tornamos como aquele a quem adoramos. Na verdade, essa é a bênção principal da comunhão com Deus. Deus não precisa que o adoremos: nós é que precisamos adorá-lo. Deus não é um ser egocêntrico que precise que lhe digamos o tempo todo quanto o amamos. Deus não é um marido inseguro que precise ficar ouvindo de sua noiva, a igreja, como ele é bonito, quanto ela o ama, e assim por diante.

Somos nós que precisamos adorá-lo, porque, ao fazê-lo, nos tornamos semelhantes a ele porque, quando passamos tempo em comunhão com Deus, contemplando "com a face descoberta [...] a glória do Senhor, segundo a sua imagem estamos sendo transformados com glória cada vez maior, a qual vem do Senhor, que é o Espírito".

Não é Deus quem muda. Ele diz que nós é que mudamos à imagem dele. Ou seja, tornamo-nos a imagem de Deus. Portanto, é a santidade dele que vai se impregnando em nós. É o poder dele que vai nos contagiando. É a sabedoria dele que nos penetra. Isso é extraordinário! Estamos nos tornando uma imagem de Deus, um ícone divino. A palavra "imagem" usada por Paulo é na verdade a palavra "ícone".

Quando abrimos o computador, vemos na tela muitos ícones. São pequenos desenhos, emblemas que representam programas, como Word, PowerPoint e Excel. No entanto, esses ícones não são os programas em si, mas representações deles. Para acessar um programa, você deve clicar no ícone correspondente.

A nossa comunhão com Deus torna-nos seus ícones. Desse modo, o povo pode ver Deus, seu amor, seu poder ou sua santidade ao olhar para nós, ícones de Deus. Ou seja, quando alguém "clica" em nós, consegue perceber o amor, o poder e a santidade de Deus. É dessa maneira que somos cartas conhecidas e lidas por todos. O processo é contínuo, pois somos transformados de glória em glória, pela ação do Espírito Santo.

Provavelmente, a maioria de nós tem de confessar que as nossas expectativas com relação ao que desejamos ver Deus realizar por nosso intermédio são absolutamente desproporcionais ao tempo que passamos com ele. Sabemos que isso é pela graça de Deus, não por obras. No entanto, é exatamente por isso que devemos ponderar sobre o nosso relacionamento com Deus. Porque não podemos "reivindicar qualquer coisa com base em nossos próprios méritos, mas a nossa capacidade vem de Deus".

O povo viu o rosto de Moisés brilhando porque ele tinha estado na presença de Deus. O relato de Êxodo informa que o motivo do uso do véu era o reflexo da glória de Deus. No entanto, Paulo aqui afirma que a razão pela qual Moisés estava usando o véu era que a glória estava desaparecendo: "Não somos como Moisés, que colocava um véu sobre a face para que os israelitas não contemplassem o resplendor que se desvanecia".

Estaremos usando véu para que o povo não veja o brilho se apagando? Não é nossa pretensão acusar; ao contrário, o nosso desejo é que possamos fazer as mudanças necessárias — mudando a nossa agenda, que, de tão cheia, não sobra tempo para Deus.

A nossa agenda é como um véu. As pessoas pensam: "Que ministério importante tem fulano de tal!". No entanto, não é porque veem a glória de Deus quando ele ministra, e sim por perceber que ele está envolvido em muitas atividades. No entanto, a nossa capacidade provém de Deus, daí a necessidade de fazer mudanças. Precisamos deixar de ser prisioneiros do povo e da nossa agenda para poder declarar como o apóstolo: "Eu, Paulo, prisioneiro de Cristo".

Se você se reconhece como uma pessoa indisciplinada nos horários e no gerenciamento do tempo, terá de mudar e se autodisciplinar. Há pastores que não têm a agenda cheia, mas não mantêm um relacionamento abundante com Deus. Eles não são prisioneiros de Cristo nem de pessoas ou de atividades: são prisioneiros da própria desordem.

No entanto, os disciplinados também podem estar precisando de mudanças. Porque às vezes as nossas disciplinas devocionais são véus. Elas nos deixam tranquilos, mas não nos vivificam. Não há palavra nova, não há poder, não há mudança na nossa vida, não há glória.

O motivo é que a glória vem de estar com Deus. Houve duas ocasiões em que Moisés não usou véu: quando estava na presença de Deus e quando simplesmente deixou de estar com Deus para estar no meio do povo. Em seguida, tornava a colocar o véu, porque a glória começava a desvanecer.

Contudo, temos a maravilhosa promessa de que podemos ser transformados de glória em glória, você e eu, nos ícones de Deus.

RELACIONAMENTO COM A FAMÍLIA

O segundo relacionamento que devemos considerar é o relacionamento com a família.

Se as pessoas olham para nós como cartas de Cristo, o que leem quando olham para a nossa família?

Se somos ícones de Deus, a nossa família é um ícone da igreja. É por isso que Paulo argumenta: "Se alguém não sabe governar sua própria família, como poderá cuidar da igreja de Deus?". O verbo "governar" é *proístemi* no grego e significa "presidir", "estar à frente", "ser protetor ou guardião", "ajudar", "cuidar", "dar atenção a".

Portanto, governar a casa quer dizer presidi-la, ser protetor, ajudar, cuidar e dar atenção. Não se trata de mandar ou de exigir sujeição em troca de nada. Como em todas as áreas, a autoridade não é imposta, mas reconhecida. Se alguém dá atenção, cuida, ajuda, protege, age como guardião e se põe à frente, naturalmente receberá a submissão de outros.

A sua esposa se sente protegida por você, ou é ela quem paga por todos os pratos quebrados no seu relacionamento com a igreja? A sua esposa e os seus filhos se sentem cuidados por você, ou você tem tempo para tudo e para todos, exceto para eles?

Isso é algo que devemos considerar. É triste quando recebemos a notícia do divórcio de um homem de Deus. O povo começa a indagar: "Como foi? O que aconteceu? Quando as coisas começaram a mudar?". A esposa de um pastor dos Estados Unidos, ao saber o que aconteceu com outro proeminente servo de Deus, cujo ministério era centrado em sua intimidade com Deus, questionou: "Como é que um homem cuja força é a intimidade do relacionamento negligenciou o relacionamento com a pessoa mais íntima, sua esposa?".

O pastor John Piper, proeminente pregador, certa vez anunciou à igreja: "Irmãos, tomei a decisão de me disciplinar por oito meses, nos quais não irei ministrar. Não há causa moral me impedindo, mas estou precisando lidar com algumas coisas na minha personalidade, as quais devo superar". Em seguida, dirigindo-se à esposa sentada na primeira fila, declarou: "Minha querida, quero lhe dizer que você é mais importante do que o meu ministério".

Infelizmente, muitos pastores estão cientes de seus problemas conjugais e familiares e continuam postergando a situação, na esperança de que um dia as coisas melhorem. No entanto, nada irá acontecer, ou melhor, é muito provável que ocorra um desastre. Um dia, eles perceberão que seu mundo desmoronou. Por favor, estimado servo que está lendo este *Manual*: se esta for a sua situação, acorde! Faça uma avaliação profunda da sua vida familiar e peça ajuda. Dê toda prioridade a isso. Após o seu relacionamento com Deus, isso é o mais importante. Porque a Bíblia assim afirma. Se você não administrar bem a própria casa, não poderá pastorear a igreja!

Ainda há tempo, e Deus vai ajudar você.. A grande mentira é pensar que determinadas coisas não têm solução. Não há nada impossível para Deus. No entanto, ele irá requerer a sua determinação.

as perdidas. Vocês têm dominado sobre elas com dureza e brutalidade. Por isso elas estão dispersas, porque não há pastor algum e, quando foram dispersas, elas se tornaram comida de todos os animais selvagens. As minhas ovelhas vaguearam por todos os montes e por todas as altas colinas. Foram dispersas por toda a terra, e ninguém se preocupou com elas nem as procurou".

À medida que crescemos numericamente, façamos o controle de qualidade. Que as nossas ovelhas estejam bem alimentadas no conhecimento da Palavra. Que no tratamento de seus problemas sejam bem apascentadas. Que economicamente sejam levadas a pastagens viçosas. Que não vivam fugindo atraídas por misticismos, mas possam dormir em um bom curral e contar com um aprisco. Que não sejam fracas, mas fortes. Que não estejam mancando, mas sejam saudáveis.

É bom que recebamos de Deus uma visão para o coletivo chamado "igreja" e que todos se unam em torno dessa visão. No entanto, enquanto todos trabalham por essa visão, nós, pastores, não percamos de vista o fato de que a nossa razão de ser são as ovelhas. Se elas não importam mais para nós, então deixemos de ser pastores. Seremos evangelistas, profetas ou mestres, mas para o pastor sua carta de apresentação e de recomendação são as ovelhas.

RELACIONAMENTO COM OS LÍDERES

Um quarto relacionamento muito importante no nosso ministério é com os líderes. Está intimamente ligado ao tópico anterior, porque, quando entendemos a formação de líderes apenas como um instrumento para apoiar o nosso próprio ministério, tendemos a ter problemas com a liderança.

Há uma visão pastoral do papel de liderança fortemente arraigada, por ter recebido muita ênfase ao longo dos anos. Trata-se do modelo Arão-Hur, que sustentavam os braços de Moisés para que ele não se cansasse, e dessa forma conseguiram vencer Amaleque.

É parte necessária à nossa liderança ter pessoas que nos apoiem e nos ajudem. Na formação da liderança, é preciso que aprendam a apoiar o líder. No entanto, quando todo o escopo da liderança consiste em designar tarefas e receber apoio para o ministério, as coisas se complicam. Surgem assim algumas doenças próprias da liderança.

A primeira doença é a *esterilidade*. Juan Carlos Ortiz ensina que o papel de todos nós não é apenas cumprir o ministério, mas formar novos líderes. Ele diz que ovelhas se reproduzem em outras ovelhas; pastores, em pastores.

Há ministérios impressionantes, que não se multiplicam em outros pastores. Sucesso sem sucessor é fracasso. A esterilidade ministerial é um problema sério. Existe algo de errado no nosso ministério, se não somos capazes de nos multiplicar em outros da mesma espécie.

Um segundo problema é que a ênfase quase exclusiva no crescimento numérico nos fez concentrar tudo em uma congregação. Desse modo, todos os líderes que promovemos devem trabalhar no programa centrado na nossa congregação. É a doença da *concentração*.

Nos dias de hoje, deparar com uma igreja que tem a visão de Antioquia, que separou dois de seus melhores líderes para que espalhassem o evangelho, é encontrar uma agulha em um palheiro. Quando a concentração se torna um estilo de liderança pastoral, o nosso ministério está em evidente contradição com o que é em essência o próprio evangelho, que consiste em dar, liberar, libertar e enviar. Além disso, começamos a gerar outros problemas dentro da própria congregação e na liderança.

Os líderes que não se libertam e ficam do nosso lado acabam por enfrentar problemas. É por isso que determinados pastores vivem em ciclos permanentes de renovação completa de sua liderança, alguns a cada dois anos, outros a cada cinco anos, e assim por diante. No entanto, inevitavelmente estão perdendo gente que sempre esteve a seu lado e que tanto lhes custou para ganhar e promover.

Alguns interpretam esses processos como ingratidão do povo. Outros culpam Satanás. Outros, ainda, passaram a dar mais ênfase em suas pregações à sujeição e ao perigo de Absalão que à cruz de Cristo. A verdade é que, na maioria das vezes, isso acontece conosco porque não entendemos muito bem o que seja liderança cristã, nem para que geramos outros líderes, nem o que fazer com esses líderes.

A situação fica ainda mais complicada quando o modelo eclesial e pastoral quase beira a deificação do líder principal ou pastor titular. Porque, quando isso acontece, quando se projeta subliminarmente a mensagem de que a maior aspiração que alguém pode alcançar na vida é se tornar pastor sênior ou principal, e o povo compra essa visão, então eles começam a se destacar na liderança, e até há o desejo de que cresçam até atingirem o teto. Mas qual é o teto? Ser o próprio pastor sênior ou principal.

O líder emergente deseja continuar crescendo, seja por meio de um chamado genuíno, seja porque comprou a visão de que a realização na vida consiste em escalar a pirâmide pastoral, e descobre que já atingiu o teto. Então, a liderança se divide em vários subgrupos. O primeiro grupo é formado pelos que se chocam contra o teto, que somos nós, e querem continuar crescendo. Batem no teto de novo e, como não dá para ir além, acabam esmagados. A liderança deles aos poucos vai enfraquecendo. Nada de grave acontece, mas depois de alguns anos dificilmente se pode contar com eles como antes.

Outro grupo é formado pelos que batem no teto, que somos nós, e, como querem continuar crescendo, tentam de novo, mas o líder principal — eu — não lhes dá mais espaço, porque é o teto deles, então passam a bater no teto e começam a criar problemas. Depois se rebelam e, se têm algum prestígio como líderes, acabam dividindo a igreja ou arrebanhando um grupo de pessoas e abrindo outra congregação.

A situação piora se no sistema em que o líder emergente se formou, como já foi dito, quem cresce, prospera e se realiza é quase exclusivamente o pastor, pois quem está abaixo dele deseja isso desesperadamente. No entanto, como o único meio de realização é a igreja, então ele terá de montar uma igreja para si, de modo que lhe seja possível tornar-se o número um. Se, além disso, ele foi bem instruído a respeito de como se multiplicar, imagine a enorme tentação para esse líder. Se ele for, levará muitos com ele.

Também há outros líderes. São submissos e trabalhadores, mas, de repente, alcançam também um nível que não pode ser ultrapassado, porque se chocam com o teto, que é o pastor titular. Então, começam a se afastar. De repente, o pastor percebe que alguém deixou a congregação e pensa: "Que pena! Era um líder tão bom!".

Em suma, quando o líder principal é o teto, ele produz líderes com enorme potencial, embora reprimido, e acabam não sendo tudo que deveriam ser de acordo com os dons que Deus lhes concedeu.

E agora? Muitos pastores sofrem com essa rotatividade permanente de liderança e até mesmo das pessoas. Outros percebem a situação e tentam resolvê-la com os mesmos truques do "sistema trapaceiro da motivação". Ou seja, se motivamos as pessoas dizendo, com palavras ou com outro tipo de mensagem ainda mais poderosa, que o grande objetivo da vida é que um dia alcancem o que alcançamos, a liderança principal, alguns líderes emergentes desejarão crescer e logo começarão a apresentar alguns dos sintomas mencionados. Por isso, dizemos a quem melhor nos serve que se dedique ao ministério e lhe damos alguma relevância, de modo que saiba que está no páreo. O problema, no entanto, é que, depois de um ano, ao qual sobreviveu pela fé e com muita dificuldade, esse líder continua batendo contra o teto. Se a igreja tem maior poder aquisitivo, ela pode aumentar o salário do pastor, comprar-lhe um carro ou mesmo lhe dar uma casa. No entanto, depois que ele tiver casa e carro, acontece o quê? Porque não se trata apenas de recompensas materiais, embora sejam importantes.

A única maneira de resolver o problema é o líder principal deixar de ser o teto. Antioquia é o modelo de liderança sem teto, que apresenta três características principais. Primeira: é uma liderança compartilhada. Segunda: é uma liderança centrífuga. Terceira: é uma liderança crescente.

Como resolver o problema do teto? Vejo que existem pelo menos três formas relacionadas com essas três características da liderança cristã. A primeira é remover a parede e construir outra sala, de modo que outros tetos se façam necessários. Ou seja, compartilhar a liderança com eles dentro da própria congregação.

No entanto, isso significa também compartilhar autoridade. Devemos aprender a compartilhar liderança, a coliderar. É claro que até isso ser resolvido haverá conflitos com os líderes. Exercer liderança compartilhada na própria congregação é um excelente treinamento para que mais tarde se possa fazer isso na cidade.

A segunda forma de resolver o problema do teto é abrindo a porta. Liderança cristã é extensão. Teremos de liberar, enviar alguns desses líderes para que a obra cresça. É um movimento centrífugo, não centrípeto.

A terceira forma de resolver o problema do teto é elevar esse teto, que somos nós, é crescer. Devemos deixar o nosso espaço para ocupar novos espaços nós mesmos. De acordo com a nossa formação, isso é decodificado como perda, mas na realidade é crescimento.

Hoje a obra precisa desses pastores principais, que tenham experiência, reconhecimento, autoridade, trajetória, sabedoria de Deus e chamado para a função, que apascentem os pastores de sua cidade e que sejam capazes de visualizar o quadro urbano por completo, não apenas a congregação local.

Esta é a necessidade número um da obra. Em todas as pesquisas que fazemos, os pastores declaram que se sentem órfãos, que precisam ser ajudados na visão e integrados aos demais pastores na unidade da cidade.

Hoje há muitos ministérios pastorais que Deus abençoou de várias maneiras e que precisam aumentar o teto. Certo vez, quatro homens quebraram o telhado para entrar em uma casa e obter a cura de um paralítico. Hoje é necessário que os ministérios saudáveis quebrem o telhado de dentro da casa, da igreja, para curar a paralisia de muitos ministérios pastorais — com grande potencial, mas que não têm modelos nem incentivo — em sua cidade e no país.

Precisamos de ministérios que ultrapassem o telhado dos templos e contemplem a cidade, que estabeleçam bons pastores para o programa congregacional e que desenvolvam uma estratégia para a cidade e para a nação.

Certa vez, disseram a Davi: "Nunca mais sairás conosco à guerra, para que não apagues a lâmpada de Israel". Se você está sendo um teto para os seus líderes, também se tornou o teto para você mesmo. Não apague a luz que Deus lhe deu. O que você fez até hoje as pessoas já aprenderam, continuarão fazendo e farão melhor que você. No entanto, é hora de você levantar o próprio teto e trazer nova luz para o Reino na sua cidade e na sua nação. Não apague a luz!

Não "matemos" mais líderes. Não vamos repetir esses ciclos prejudiciais de morte de líderes. Vamos nos reproduzir em outros líderes. Não permita que as folhas caiam. A árvore bem plantada dá frutos na estação própria. Você precisa saber como dar fruto no tempo certo. Significa que houve um tempo no seu ministério cujo fruto era de um tipo, mas agora precisa produzir outro tipo de fruto.

As árvores que você não está deixando crescer são os seus frutos. Supervisione-os, ministre a suas necessidades e sirva-lhes de inspiração, mas dê espaço a eles. Dessa forma, produzirá frutos abundantes por meio dos seus brotos, da sua prole. Os que provêm das suas entranhas irão honrá-lo se você deixá-los crescer. Absalão se rebelou, pois Davi nem mesmo queria recebê-lo em casa.

Você é luz para a sua cidade. Disseram a Davi: "Não saia a fazer o que tem feito todos esses anos. Sente-se para elaborar a estratégia, que nós vamos ao campo de batalha. Precisamos de você para nos aconselhar, para nos pastorear quando viermos da luta diária. Precisamos dos seus conselhos sábios para conquistar a cidade. Precisamos da sua inspiração quando estivermos com medo. Precisamos de você para ministrar às autoridades da nação".

Você não está perdendo a plataforma: está avançando para um palco mais amplo. Se não fizer isso, vai acontecer do mesmo jeito. Porque, com o passar dos anos, mais cedo ou mais tarde os holofotes irão se concentrar em outra pessoa. A questão é se durante esse tempo você contribuiu com algo transcendente para o Reino de Deus; se deixou um legado, uma sucessão, uma marca na cidade, ou se preferiu ficar em uma plataforma 2 x 2 no próprio templo.

CAPÍTULO 19

O PASTOR E SEU RELACIONAMENTO COM A SOCIEDADE E COM SEUS COLEGAS DE MINISTÉRIO

> Se era glorioso o ministério que trouxe condenação, quanto mais glorioso será o ministério que produz justificação!

RELACIONAMENTO COM A SOCIEDADE E OS PERDIDOS

Paulo denomina o nosso ministério de "justificação". Devemos levar isto a sério: o confinamento da igreja, a perda da paixão pelos perdidos, o isolamento da igreja e a perda de espaço público.

Há quatro níveis aqui. O primeiro é o da inação. A inércia na evangelização comprometida da nossa cidade e nos processos de transformação mudam o nosso ministério, sem que o desejemos, em ministério de condenação. Porque mantemos o *status quo*. Paulo, porém, afirma que não temos um ministério de condenação, mas de justificação, de salvação, de restauração e de transformação de vidas e da sociedade.

Precisamos abandonar de uma vez por toda aquela escatologia daninha que moldou o nosso pensamento e que nos faz deixar o mundo se destruir enquanto aguardamos a volta do Senhor, já que estamos salvos. Se estivéssemos do outro lado, o lado dos perdidos, das famílias destruídas, das crianças que não conseguem nem ver a luz da vida por serem abortadas, dos pobres que não têm comida esta noite e sabem que seus filhos não terão nenhuma oportunidade na vida, não gostaríamos que a igreja tivesse essa forma de pensar. Devemos abandonar a imobilidade.

O segundo nível é o da reação. É um degrau acima do anterior, mas ainda estamos em um nível negativo. Quando sucedem os grandes desastres, juntamo-nos para orar. Quando surgem leis contrárias à ordem de Deus, tratamos de nos manifestar e fazer ouvir a nossa voz. Quando chega o período das eleições, somos tomados de ansiedade alguns meses antes e procuramos desesperadamente algum candidato para apresentar, ou então surgem os improvisados, uns sem apoio da igreja, outros sem formação, e ainda outros sem idoneidade e sem visão do Reino — portanto, na melhor hipótese, a situação permanecerá a mesma.

Nesse nível, continuamos a correr atrás do mundo. Apagando incêndios. Correndo atrás da agenda satânica. No entanto, quando entramos em processos de evangelização e transformação, quem reage, quem se opõe, quem se defende é o poder das trevas.

Entramos, portanto, no terceiro nível, o da pró-ação. Somos proativos quando entendemos que não somos um pequeno povo muito feliz fechado nos templos, amparado pelos amplos programas idealizados para manter o nosso público; os membros na congregação, a fim de que não debandem para a concorrência; quando entendemos que só somos igreja se visualizarmos a cidade, o povo, não apenas como o nosso campo missionário, mas como a nossa razão de ser. Então, entendemos a evangelização como prioridade, e a formação e o envio do nosso povo não para passar o dia inteiro dentro do templo alimentando o nosso programa eclesial, mas para influenciar as diferentes áreas da sociedade — não para conquistar, mas para redimir. Nós, pastores, pastoreamos aqueles que, de acordo com Efésios 4, são os que fazem a missão, ou seja, cada crente no lugar onde estiver durante toda a semana fazendo daquela área seu ministério, seu lugar de evangelização e de transformação. Assim, surgirá uma nova classe dominante para a sociedade, com visão do Reino: gente íntegra, mas também idônea, com programas concretos de transformação da realidade.

O grande desafio é que o nível da pró-ação não basta para o que precisamos fazer na cidade. Precisamos entrar no quarto nível, o mais alto, que é o da interação.

A evangelização da sociedade, a implantação dos valores do Reino e o estabelecimento desse Reino com o poder de transformar as estruturas pecaminosas de uma cidade exigem unidade, pela simples razão de que Jesus disse que devemos ser um para que o mundo creia.

Se queremos alterar as estruturas da cidade, não podemos fazer isso sozinhos. É impossível que desponte uma nova classe dominante se os poucos aptos a fazê-lo estão nas congregações, "trancados a sete chaves" pelos pastores, por medo de que sejam atraídos por outros pastores ou de que se envolvam em outra coisa que não a congregação e o programa deles. No entanto, como prepará-los, como conectá-los para interagir com o povo e como uni-los para alcançar áreas de poder e influência? Como envolvê-los nos projetos de transformação? Como dar-lhes sustento ou uma base de apoio? Como transmitir-lhes uma visão do Reino, para que sejam elementos de transformação? Impossível, a menos que haja unidade.

O quadro é deplorável. Alguém se destaca em uma congregação, e outro surge em outra. E lá vão eles suplicando, tentando agradar a outros pastores para ver se conseguem algum apoio, algum voto. Comparecem a todas as reuniões evangélicas pedindo que orem por eles, para ver se recebem algum apoio ou para se tornarem conhecidos. Sem preparo, sem saber o que diz a Palavra sobre como desenvolver a vocação política, econômica ou social por meio da visão de Deus. Sem equipes, sem projetos.

Como seria diferente se os pastores da cidade mentoreassem esses irmãos, treinando-os com uma visão do Reino, reunindo-os, fazendo-os trabalhar pela disciplina, confrontando-os com os problemas da cidade, pondo-os para estudar as questões, para desenvolver projetos que atendam a essas necessidades e para formar equipes! Se os submetessem à autoridade pastoral dos ministros da cidade, sem competirem entre si, com uma estratégia para chegar às áreas de influência e com toda a igreja nos bastidores orando e apoiando! Porque não se trata de alguém que chega, mas, sim, de um projeto de serviço e de transformação para a cidade. O que surge é uma equipe de pessoas espirituais, submissas e em transformação.

Assim seria em todos os aspectos. Interação. Missão unida na cidade e em favor da cidade. Chegou a hora de analisar o seu ministério. Talvez você tenha sido treinado para ser um cavaleiro solitário e fez o melhor que pôde. Contudo, o seu país precisava de algo mais. A unidade não é algo menor. É essencial para a missão, e isso nos leva ao ponto seguinte.

RELACIONAMENTO COM OS COLEGAS

Trata-se de uma relação vital, porque, se não a considerarmos e fizermos as mudanças, a relação com a evangelização dos perdidos e com a transformação da realidade continuará a ser uma questão pendente.

É hora de repensarmos o nosso relacionamento com os colegas. Ao fazê-lo, deixemos de lado as racionalizações, que explicam muito bem o motivo de não conseguirmos trabalhar com os outros, mas que não resolvem a nossa desobediência quanto a sermos um.

Alguém pode alegar que não pode trabalhar com fulano porque este não tem visão, ao passo que Deus lhe deu uma visão maravilhosa. Outro pode argumentar que não pode trabalhar com aquele pastor porque se trata de alguém medíocre. Nem pode trabalhar com sicrano porque este tem um mau caráter. Tampouco pode trabalhar com beltrano também porque este quer sempre ser o primeiro. Isso também acontece com todos os pastores da cidade.

No entanto, são apenas racionalizações que tentam esconder a nossa falta de determinação em obedecer à ordem de sermos um. Se você é um daqueles que têm muita visão de Deus, espero que a sua visão da verdade coincida primeiramente com a visão de Deus. Porque todas as visões ministeriais precisam estar apoiadas nas visões já reveladas por Deus nas Escrituras. Portanto, se Deus realmente lhe deu a visão, você tem de se apoiar na visão que ele já revelou: "Que todos sejam um [...] para que o mundo creia". Porque, se a sua visão vai contra o que Deus diz em sua Palavra ou ignora o que ele estabeleceu como requisito, então essa visão não é de Deus.

No entanto, se a sua visão foi dada por Deus, se é sustentada pela visão revelada em sua Palavra, então você, que tem o privilégio de seguir à frente dos outros pastores que não têm visão, deve assumir a responsabilidade de trabalhar com eles para transmitir-lhes a visão de conquista da cidade e de transformação da realidade.

Você tem paciência para conduzir todos os membros da sua igreja à visão congregacional, mas não tem paciência para transmitir a visão aos seus colegas? Isso parece, no mínimo, uma desculpa.

Quem tem uma liderança clara e forte deve ajudar o outro que ainda não despertou e, segundo sua perspectiva, permanece na mediocridade. Caso você sirva a alguém com mau caráter, estabeleça uma relação de confiança para ajudá-lo a corrigir suas atitudes. Aquele que gostar de ser o primeiro pode ser aquele a quem você ensinará. Como? Não ocupando você o primeiro lugar.

Liderar pessoas que sempre dizem "sim" é muito fácil. No entanto, os verdadeiros líderes são testados quando são capazes de trabalhar com outros líderes e superar todos esses obstáculos; quando não apenas lideram, mas colideram, e principalmente quando são capazes de se deixar liderar também.

Se você é capaz de abrir mão do crédito, de permitir que outro receba os aplausos, que seja o rosto de outra pessoa que apareça na plataforma, então a sua visão não terá limites.

É hora de analisar o seu ministério e o seu relacionamento com os colegas. Porque, se você for capaz de fazer isso, não há como não ser bem-sucedido no ministério. Ou seja, você fará o que o Senhor o chamou para fazer.

CAPÍTULO 20

O PASTOR E SUA RELAÇÃO COM O SUCESSO

RELAÇÃO COM O SUCESSO

Os que têm mais dificuldade para analisar o próprio ministério e para mudar são os que se saem bem. É por isso que a análise dessa última relação é crucial. Pergunte a você mesmo se o que de fato entende por sucesso no ministério coincide com o que para Deus é o sucesso do Reino na sua cidade.

A questão, porém, do sucesso ministerial diz respeito a todos nós. Todos devem analisar essa questão. Porque também aqui os modelos ministeriais que estabelecemos nos últimos anos são, em alguns casos, enganosos. Temos visto na internet, em vídeos e na TV os modelos ministeriais de "sucesso". Existe algo de paradoxal em alguns desses ministérios bem-sucedidos. É como se existisse uma lei inversamente proporcional com relação ao seu país de origem. Alguns desses ministérios mais notáveis operam nos países mais pobres, mais violentos, mais desiguais e mais idólatras do continente.

Não podemos deixar de nos perguntar: como esse sucesso ministerial não transforma a realidade de uma nação? É bom aprender com os outros e receber daqueles que têm mais êxito no ministério. No entanto, justamente por isso, por causa desse saudável reconhecimento do que Deus concede aos outros, é que não se prioriza o investimento do tempo e da vida em teorias ministeriais que apenas fazem crescer uma congregação, mas que não estabelecem o Reino na cidade.

Ninguém quer perder tempo com visões ministeriais que mostram seus grandes estádios e prosperidade em todas as suas formas, enquanto os que se sentam nesses estádios, como 80% da população do país, vivem na extrema pobreza.

Por isso, devemos pedir: "Não me mostre o seu crescimento; mostre-me a sua cidade. Não me mostre quantos espíritos e potestades você amarrou; mostre-me o Diabo imobilizado na sua cidade. Não me mostre quanta prosperidade há no seu ministério; mostre-me a transformação no seu povo e na sua cidade". Porque precisamos aprender isso. Porque esse é o sucesso do Reino de Deus.

Quando nos apropriamos desses modelos, eles nos causam grande frustração, porque os pastores do país, na maioria, não podem ser executivos de uma multinacional, como nos modelos de liderança mais recentes. A maioria dos pastores do país não pode se vestir como um pastor de sucesso deve se vestir. Não se trata de um pedido de desculpas pela pobreza, pelo contrário. É preciso entender o que é sucesso ministerial.

Sucesso ministerial não é outra coisa senão passar por este mundo tendo feito aquilo para o qual Deus fez você, unido ao seu companheiro de ministério, para juntos estabelecerem o sucesso do Reino de Deus na sua cidade. Hoje existe muito sucesso humano e pouca fidelidade ao que Deus deseja. Portanto, devemos levar isso em conta também.

CONCLUSÃO

Vivemos uma realidade muito difícil, mas, em meio a tudo isso, temos uma mensagem de esperança e uma estrutura na qual encarnar essa esperança, que é a igreja de Jesus Cristo.

A questão desafiadora surge imediatamente: "Como ser otimista em um mundo em declínio? Por acaso, esse otimismo não é uma fantasia ou mera ilusão?".

A resposta é que não somos otimistas, mas temos esperança. O otimismo é um estado psicológico, mas a esperança é teológica, ou seja, é uma dádiva de Deus. A nossa mente observa a realidade humana e não consegue ser otimista. Dentro de nós, porém, acende-se uma esperança que ultrapassa toda análise e é a certeza do que Deus fará.

A leitura do jornal da realidade é importante, mas é mera descrição do cenário no qual Deus, mais uma vez, atuará de forma poderosa e redentora. Seu instrumento nada mais é que a igreja. Sim, a igreja! A igreja fraca, a igreja falível, a igreja criticada. A frágil e ao mesmo tempo poderosa igreja que se ergue e destrói as portas do Hades.

Porque além do jornal da realidade lemos o "jornal da segunda-feira". No campo do jornalismo esportivo, principalmente do futebol, a frase "com o jornal de segunda-feira qualquer um fala" é usada para se referir ao comentário do desempenho de um time na segunda-feira quando já se sabe o resultado de domingo.

Podemos falar da realidade com o "jornal de segunda-feira". A Palavra é o jornal da segunda-feira. É o jornal que nos informa "como será o resultado da partida". Nele constatamos que o Senhor virá em breve. Ele vem buscar a igreja, para que, pela obra de seu Espírito, ela seja UNA. Será SEM MANCHAS E SEM RUGAS. Será GLORIOSA. Será PARA TODOS OS POVOS E NAÇÕES. Será VITORIOSA ao estabelecer o Reino de Deus em meio à fase tenebrosa que o mundo atravessa hoje.

Sim, a igreja de Jesus Cristo é a esperança do mundo. Porque tudo isso será, mas ainda não é, porque Deus quer usar a sua vida na obra, com docilidade e disponibilidade, de modo que trabalhe com você conforme os desígnios dele. Porque ao mesmo tempo que lemos objetivamente o jornal da realidade negativa do mundo, lemos também no "jornal da segunda-feira" que já foi determinado por ele o que sua amada igreja é instrumentalmente: a esperança do mundo. Para isso, ele chamou você. Para isso, ele o estabeleceu como seu MINISTRO ungido.
